唐诗是一曲风流 6

温庭筠诗传

丁龙/著

时事出版社

图书在版编目(CIP)数据

唐诗是一曲风流.6,温庭筠诗传 / 丁龙著.—北京:
时事出版社,2015.1

ISBN 978-7-80232-808-2

Ⅰ.①唐… Ⅱ.①丁… Ⅲ.①温庭筠(812~约870)-传记
②温庭筠(812~约870)-唐诗-诗歌欣赏 Ⅳ.① K825.6②I207.22

中国版本图书馆 CIP 数据核字(2014)第285706号

出 版 发 行:时事出版社
地　　　址:北京市海淀区万寿寺甲2号
邮　　　编:100081
发 行 热 线:(010)88547590　88547591
读者服务部:(010)88547595
传　　　真:(010)88547592
电 子 邮 箱:shishichubanshe@sina.com
网　　　址:www.shishishe.com
印　　　刷:北京建泰印刷有限公司

开本:880×1230　1/32　印张:10　字数:204千字
2015年1月第1版　2015年1月第1次印刷
定价:29.80元

序言

作为诗词作家，温庭筠的声名显然不如李白、杜甫那样显赫，也不似他同时代的杜牧、李商隐那样被后人称颂，大家对他的印象皆停留在：他是一个诗词作家，花间词写得很好，但写来写去好像都是一种类型。有人偶尔读到他的作品，觉得某一首遣词造句不错，于是记住了这个有点女性化的名字。也有人总是把他的名字和一个女子连在一起，这个女子就是鱼玄机，温庭筠和她之间的故事似乎比他的诗词更让人津津乐道。

大部分的人对温庭筠的了解不过如此。真实的温庭筠究竟是什么样子的？他的人生经历是怎样的？他为何被人称为“花间鼻祖”？他的词风为何总是遭人诟病？他只会写词吗？他和鱼玄机之间究竟是一种什么样的暧昧关系？这些问题的真相，好多人并不了解，也无从了解。温庭筠留下的生平资料那么少，关于他的书籍也没有几本，仅有的也只是停留在对他诗词的简单解析上，我们应该去哪里了解温庭筠？

当然，一定不乏对温庭筠感到好奇的人，但是他们的认知却一直停留在这种好奇上面，无法进一步深入，温庭筠对人们来说一直是陌生而又神秘的。

其实，真正的温庭筠比我们想象的要伟大。他虽然没有显赫的声名、众人的美誉，也没有那么多被大家熟知的作品，但是他对中国诗词的贡献无人能比，在中国诗词史上的地位无人能及，他的一首首花间词就像现代电影一样，让你读后心神荡漾，过目难忘。

温庭筠比我们想象得要优秀。他不仅写出了一首首缠绵悱恻、令人垂泪的词作，也作了很多忧国忧民、慷慨激昂的诗篇，甚至连小说、骈文也有所涉猎，在中国文学史上，像他这样全面的作家并不多见。

温庭筠比我们想象的更有魅力。不管是达官贵人还是山野隐士，他都来往甚密；不管是边塞将士还是歌伎舞女，都愿意和他成为朋友。就连比他小几十岁的才女鱼玄机，都对他产生了情愫。他的才华令世人折服，令宰相妒忌，令统治阶级恐惧。

温庭筠比我们想象的要坎坷。他一生共参加五次科考，次次落第；为排遣失意，他四处游历，在孤单寂寞中度过一个个黄昏与黎明；最残忍的是，他两次被贬，在异地度过人生的暮年，最终客死他乡。

究竟是什么造就了这样一个温庭筠？究竟是什么导致了他坎坷而又不凡的一生？想要了解这些，你可以打开本书。在这里，温庭筠不再神秘，他袒露心扉，还世人一个真实、立体的自己；在这里，你会读到一首首令人沉醉的诗词，其中的种种意象将在你心中搭建一种美妙的境界；而他不羁的性格、曲折的经历也会令你扼腕叹息，唏嘘不已。

如果你同时还想了解晚唐社会的历史、政治、文化，还想了解晚唐时期诗词风格的演变发展以及文人的生存现状，那么本书也可以成为你的不错选择。无论你是对温庭筠本人或是他的诗词感兴趣，还是对晚唐时期的历史文化感兴趣，这本书皆可以满足你的愿望并带给你不同程度的惊喜。

引言

——温庭筠其人

提起温庭筠，大部分人都会这么评价他：他词写得好，号称“花间鼻祖”；他的词都是描写爱情、闺情的，主人公都是女子，永远是儿女情长、离愁别恨，说白了，不过就是些靡靡之音、侧艳之词，没有什么太大的价值。

他，一生坎坷，都是因为性格桀骜不驯、放荡不羁！

这些是知道温庭筠的人对他最多、最主要的评价。笔者不否认这些评价都有一定的正确性，但是真实的温庭筠真的完全如大家所说的那样吗？他只会写词吗？他只会写儿女情长吗？他的词真的没有价值吗？他悲剧的一生完全是性格所致吗？

这是一个被大家误解了的温庭筠！

温庭筠祖籍太原，却在吴中长大，那里的山山水水赋予了他灵性，江南的旖旎风光陶冶了他的性情。温庭筠敏感、细腻、感性、多情的性情和他成长在江南不无关系，他的儿女情长似乎由此而来。江南的蓝天、碧云、春草、花香不仅给了他外向、开朗、乐观的性格，更成了他诗词中的创作元素，他的艳丽词风似乎也因此而形成。

显赫的家世、先祖的丰功伟绩使温庭筠不甘心一生默默无闻，因此经世济国成了他一生追逐的梦想，哪怕是在这条路上几度摔倒，遍体鳞伤，他都不曾放弃。他从小饱读诗书，受儒家思想的浸润，而当时走向仕途是读书人的唯一出路，救国济民是文人的唯一理想，所以不管道路多么坎坷，他始终放不下心中根深蒂固的士人情怀。

于是，他四处游历，边塞、蜀地、江南、湖湘、长安，到处都有他的足迹，一切皆是理想的驱使；一次、两次、三次、四次……他参加了一次又一次科考，依然是受理想的催促；《苏武庙》、《回中作》、《织锦词》、《开圣寺》、《菩萨蛮》、《夜宴谣》、《蔡中郎坟》，这是他在追逐理想的路上留下的喜怒哀乐和印记，读了这些诗词，你就会知道温庭筠不只会写女子闺情，国仇家恨、社稷民生皆在他的血液里；他不光是个懂儿女情长的缠绵男子，更是个拥有壮志豪情的顶天立地的男人！

但是，小人的诬陷、权贵的压迫、朋友的连累和自己的恃才傲物使他终生无法实现自己的理想。一生落魄，四处飘零，困顿不安，这是他的主观个性和客观现实共同造成的结果。

然而，这就是真实的温庭筠，他擅长描写闺情，但也可以把豪情描写得那么壮丽；他喜欢描写儿女情长，但笔下的家国仇恨依然可以让你愤慨不已；他词风艳丽，但清丽朴素的句子同样传诵至今；他是“花间鼻祖”，但其他的诗歌同样优秀，骈文、小说一样拿得出手；他恃才傲物、放荡不羁，但对朋友情深义重、关怀备至。这是一个优点与缺点并重、长处与短处并存的温庭筠，他不完美，但谁也不能替代他在中国文学史上的地位，谁也无法否定他虽坎坷却充满意义的一生。

综述

——士人情怀：《鸡鸣埭曲》

南朝天子射雉时，银河耿耿星参差。
铜壶漏断梦初觉，宝马尘高人未知。
鱼跃莲东荡宫沼，濛濛御柳悬栖鸟。
红妆万户镜中春，碧树一声天下晓。
盘踞势穷三百年，朱方杀气成愁烟。
彗星拂地浪连海，战鼓渡江尘涨天。
绣龙画雉填宫井，野火风驱烧九鼎。
殿巢江燕砌生蒿，十二金人霜炯炯。
芊绵平绿台城基，暖色春容荒古陂。
宁知玉树后庭曲，留待野棠如雪枝。

温庭筠的这首诗，说的是南朝的齐武帝萧赜沉迷于狩猎和酒色，最终导致亡国的故事，暗讽晚唐时期皇帝沉迷于声色犬马，不理朝政而导致国势衰落的现实。

听说过温庭筠的人，都知道他被称为“花间鼻祖”，也因此认为他的诗词好用浓艳的词藻，多写闺情，缺乏深刻的思想内容和社会意义，然而这首诗却打破了人们对他作品的一贯看法。如果是一个缺乏家国情怀和民族自尊的人，怎敢在一片高压之下吟出这首《鸡鸣埭曲》？当他人都在粉饰太平的时候，温庭筠却敢冒天下之大不韪而去揭历史的疮疤，他的勇气来自哪里？正像他自己说的：“永为干世之心，厥有后时之叹。”骨子里若缺乏士人情怀，是不可能做到这一点的。在他艳丽的诗作风格之下，隐藏的是他火一样雄浑的战斗精神。

这首诗风格隽永，义理堂堂，韵味深长，是借古讽今作品里的优秀之作。

黎明尚未到来，寥落的星辰还在闪烁，南朝的天子神不知鬼不觉地出城打猎去了。当东方泛起鱼肚白的时候，大臣们早起上朝，却不见皇帝的踪影。此时，鸡鸣埭一带尘土飞扬……而城内鱼跃莲东，柳悬栖鸟，红妆万户，镜中皆春，一片和平静谧和繁华的景象。然后，“碧树一声天下晓”——繁华落幕，“绣龙画雉填宫井，野火风驱烧九鼎”——战乱开始，齐朝覆灭了！放眼望去，紫禁城塌了，隐约可见的墙基上长满了青草。当年的融融春光，现在已是一片荒凉。几许繁华，消失得无影无踪……

这首诗带给我们的震撼何其强烈！诗人不仅是在悼齐，更是在哀唐：如果当今的皇上沉迷于声色犬马，不理朝政，那么晚唐的结果也会是这样！他站在时代的最高点预见了晚唐的未来。

温庭筠把一曲挽歌写得如此艳丽动人！

其实，这才是真正的温庭筠，这位花间词派的鼻祖不仅仅只会写闺情，不仅仅只会游戏人生、游山玩水，在这些表象之下，他更有一颗士人之心和一番家国情怀，但是不羁的性格和黑暗的现实却使他不得不放弃自己入仕的理想。满腔热血却报国无门，他不得不过着抑郁的生活，内心凄苦愤懑。于是，不羁的性格变得更加不羁，他不断地游戏考场，游戏官场，又屡屡得罪权贵，本是个经世济国的文人，却不得不游戏人生，这注定了他一生的悲剧。

温庭筠出身于儒学世家，先祖曾官位显赫，但是到了他这一代，家境已经非常普通。不过诗书这一套，温家一直没有中断。温庭筠从小就受到家族儒学的影响，同时也沾染上了古代文人固有的观念："达则兼济天下，穷则独善其身。"所以温庭筠来到长安，费尽心机，拜谒显贵，期望凭借才华学识求取功名。

谁料，诸事不顺，温庭筠的梦想彻底粉碎。这个时候，饱读诗书的他展现出中国文人传统的一面：清高自傲，愤世嫉俗，不肯依附权贵，因而屡试不第。于是，他把对人生的感慨和对现实的不满寄托于诗词之中。在他的大量著作中，士人情怀始终贯穿其中，即便是那些充满闺情之乐的作品，也是士人情怀无法得到释放的另一种宣泄。这一点，与清朝大学士纪昀（纪晓岚）有着异曲同工之妙。他们不得不用另一种情怀宣泄着自己的不满，伤感着自己的失落。

或许，温庭筠玩世不恭、放荡不羁的生活态度，就是对世俗的一种抗议。

纵观温庭筠的一生，他穿梭于山水之间、荒村边塞，一生凄苦、孤独和愤懑。他的痛苦不仅仅源于个人际遇的不得志，更有深层次的一面——统治阶级的荒诞和权贵的贪婪，以及国家的日渐衰亡，而他自己对这一切却无能为力，只能在无为中漂泊、蹉跎。在他的内心深处，入仕为官施展才学才是他的人生理想，而他最终却只能出入于平康巷陌，沉醉于醇酒美人，过着与自己初衷背离的生活。这怎能不让他感到痛苦呢？

而这一切痛苦都与温庭筠内心根深蒂固的士人情怀分不开。在中国历史上，这样的文人比比皆是：冯谖、陶渊明、陆游……在温庭筠的一生中，不管是纵情山水还是颠沛流离，他的心依旧在入仕为官施展才学上，孤独苦闷的他依旧在执着地追求。他一生的经历乃至他的诗词，都将"士人"

这一特殊群体的心理表现得淋漓尽致。

恃才傲物、放荡不羁、讥讽权贵的狂傲之徒，沉醉于美酒佳人、浓词艳曲的花间鼻祖，在本质上却有着积极的入仕精神和传统意义上的士人情怀。温庭筠，就是中国千百年来不得志的士人阶级的代表。

目录

CONTENTS

第七章　累身权贵，屡试不第

第八章　一世知己，无奈情缘

第九章　凝愁含恨，放浪形骸

第十章　一生失意，悲剧收场

第十一章　花间鼻祖，诗词留芳

第一章

年少敏悟，志存高远

温庭筠的作品中为何无数次写到江南风光？又为何那么喜欢描写春天？他一生历经坎坷，四处飘零，却非要实现经世济国的理想，这又是为什么？想要知道这些问题的答案，就必须了解温庭筠的家乡、身世和他儿时的理想。他才华横溢究竟是因天生禀赋聪颖，还是少时苦读诗书的结果？他骨子里士人情怀的源头在哪里？了解了温庭筠的先祖、家世，你一定会对这些问题恍然大悟。而透过温庭筠的一些代表诗篇，我们可以找到他青少年生活的一些痕迹。那时候的他，年少敏悟，志存高远，是个胸怀大志的好少年。

第一节

去时冠剑是丁年——《苏武庙》

苏武魂销汉使前，古祠高树两茫然。
云边雁断胡天月，陇上羊归塞草烟。
回日楼台非甲帐，去时冠剑是丁年。
茂陵不见封侯印，空向秋波哭逝川。

温庭筠出生在一个什么样的家庭中，家境如何？他的家世对他的一生有着什么样的影响？对他的性格及作品又有着什么样的影响？他为什么受尽挫折都不肯放弃经世济国的理想？对此，温庭筠的作品中并未有明显的流露，但笔者还是可以从这首《苏武庙》中窥探出温庭筠的先祖对他的一生有着重要的影响。

诗中首句写道：突然见到汉朝皇帝派来的大使，苏武惊讶不已，一时间悲喜交加。他被匈奴扣留多年，在异域他乡熬过了漫长的岁月，受尽折磨，以为自己再也没有机会回到祖国，现在得知自己已经获释，即日便可回国，激动的心情难以名状。

第一句写人、写古，第二句由人及庙，由古及今，写今天的苏武庙：今天的苏武庙古树高耸，苍茫肃穆，渺然久远。这一句很重要，是转折句，要引出苏武一生所历经的千辛万苦。

第三句则开始回忆苏武一生的经历：当初苏武出使匈奴，却被匈奴扣押并流放北海，从此断了音信。每个寂静的夜晚，在异域的天空明月之下，苏武望着天上的鸿雁，盼望着它能把自己的消息带给祖国。可等啊，等啊，却一直等不到祖国的音信。他在匈奴过得是非人的生活，每天都要为匈奴人放羊。每日黄昏，他看着山丘上归来的羊群和一望无际的草地，便更加思念自己的祖国。这两句形象地描述了苏武在异域被幽禁十九年单调、孤寂的生活，恶劣的环境和他的心情融为一体，淋漓尽致地表达了他思念祖国却又不能归国的痛苦心情。

接着，四五句时空再转换。苏武终于回到祖国，但一切已物是人非。昔日的亭台楼阁依然挺立，武帝却早已逝去。想起当初出使时汉武帝为自己饯行，那时武帝正值壮年，而现在一切都已过去，感觉恍如隔世。这两句的写法很特别，先说“回日”，后述“去时”，这是“逆挽法”。这种写法摆脱了一般的传统写法，显得没那么呆板，而是更为“跳脱”，读起来更觉得感慨。

最后两句是文章的点睛之笔：武帝已经长眠茂陵，再也见不到归来的苏武封侯受爵了，苏武只能空自面对秋天的流水哭吊已经逝去的先皇。至此，赤胆忠心的苏武被作者塑造得如此立体，一个忠君爱国的形象活脱脱地展现在我们面前。

温庭筠一生恃才傲物，放荡不羁，讽刺权贵，就连皇上都不放在眼里，为何对死心塌地忠于朝廷的苏武如此歌颂呢？这要从温庭筠的家世说起。

温庭筠是唐初丞相温彦博的后裔，他的先祖中有很多人都曾官居高位并为皇室的姻亲，但到温庭筠父辈这一代，家道已经中落。这样的家世对少年时的温庭筠有着什么样的影响？一方面，他对自己显赫的家世颇为自豪；另一方面，他又颇为不甘，想通过自己的努力纂修祖业，承袭门风，重现昔日温氏家族的辉煌。

这种情怀在《苏武庙》这首诗中就可见一斑。诗中，苏武被匈奴幽禁长达十九年，其间他们用尽各种威逼利诱的手段，试图使苏武投降，但均未能如愿。苏武的这种经历和忠君爱国的气节与温庭筠的先祖温彦博如出一辙。温彦博在大唐初年也曾被突厥囚禁于阴山苦寒之地，遭受各种折磨，但他拒不投降并坚守国家机密，这种气节在当时受到许多人的称赞。李世民即位后，温彦博回到长安并受到朝廷的重用，一度做到丞相之职。温彦博对唐朝的统一、稳定和发展都立下了很大的功劳，且一生为官清廉，受到世人的称赞。有这样一位威武不屈、刚正不阿且身居高位的先祖，温庭筠怎能不感到骄傲。他写《苏武庙》一诗与其说是对苏武的歌颂和赞扬，不如说是对先祖功业气节的一种自豪。

先祖心系苍生与国家安危，为朝廷建功立业的事迹激励着温庭筠，这既是动力又是压力，使他从小就志存高远，渴望有朝一日能像先祖一样建国立业，报效国家。而对温氏家族来说，光宗耀祖也是他的责任。所以，温庭筠从小就苦读诗书，内心深处强烈的功名欲望促使他不断积极进取，他不仅苦心研习诗文，还鼓琴吹笛，渴望成为一个博古通今、有才华学识的人，长大后好取得功名。还好他聪慧敏悟，年轻时就诗词文章皆佳。

所以，年少时的温庭筠并非顽劣不堪，使人无法想到长大后的他会玩世不恭、放荡不羁，但不管其性格怎样，温庭筠的才华自小就显露了出来，他饱读诗书的少年时代为他一生的诗词创作奠定了良好的基础。

第二节

吴客卷帘闲不语——《偶题》

微风和暖日鲜明，草色迷人向渭城。

吴客卷帘闲不语，楚娥攀树独含情。

红垂果蒂樱桃重，黄染花丛蝶粉轻。

自恨青楼无近信，不将心事许卿卿。

读罢这首《偶题》，不禁心情愉悦。美丽的风光、惬意的时光、慵懒的主人公、暧昧的男女感情，这一切都令人沉醉。

本诗第一句就为我们描述了一幅美好的景色：和暖的微风吹拂，阳光明媚，草色青青，景色是那么迷人。此时此刻，我们的主人公在做什么呢？“吴客卷帘闲不语”——景色宜人，时光悠闲，主人公却坐在那里发呆不语，似乎有些寂寥。不光他寂寥，脉脉含情的女子此刻也在惆怅。

这时，果园里果蒂低垂，红红的樱桃挂满了树枝，花丛中蝴蝶翩翩起舞。此刻的主人公应该是有些无聊，否则怎么会观察得如此细致？这两句把主人公慵懒无聊的状态渲染得更加彻底，或者主人公也在想，他和女子的感情能否像这樱桃一样最终开花结果，能否也能像这蝴蝶一样可以嬉戏人间，享受美好的时光？

最后两句作者终于给出了主人公寂寥惆怅的原因："好久没有收到你的音信了，难道你没有心里话说给我听吗？"这是情人间的怨怼和嗔怪。作者前面一直在酝酿情绪，写美景是为了衬托主人公的寂寥，说寂寥是为了发出对情人的埋怨。作者把一个男人的心事渲染得如此唯美。

这首诗辞藻华丽，色彩浓烈，表现出温庭筠作品的一贯风格。不过，为何他的诗词会有这样的艺术风格？为何他喜欢描写江南？一个人作品的艺术风格或者内容往往与他的成长环境和人生经历有关，温庭筠也不例外。

这首诗的第一句就这样写："微风和暖日鲜明，草色迷人向渭城。"显然，这不像是北方的景色，而像是江南的。我们再看这一句："吴客卷帘闲不语。"这里的"吴客"指的是谁？正是作者自己。作者为什么自称"吴客"，这就牵扯出另外一个问题——温庭筠的故乡在哪里？

据史料记载，温庭筠祖籍太原，但在他的作品中，几乎没有提及太原或者山西的文字，也没有描写山西风光的诗词，只有在《书怀百韵》自注中，他曾这样写道："予先祖国朝公相，晋阳佐命，食采于并、汾也。"但到了温庭筠时，已是"采地荒遗野，爱田失故都"了。这就说明他虽祖籍太原，但并不是成长甚至出生于太原。

虽然他的作品中提到故乡太原的次数很少，但描写江南风光的诗词却特别多："淮南游客马连嘶，碧草迷人归不得"（《相和歌辞·堂堂》）、"却笑江南客，梅落不归家"（《敕勒歌塞北》）、"江上柳如烟，燕飞残月天"（《菩萨蛮》）。从这些作品中不难看出，温庭筠的出生地或成长的地方并非太原，而是江南，就是吴中松江附近，太湖之滨。至少在他的心中，他是把吴中作为自己的故乡的，否则就不会自称是"吴客"、"江南客"，并把回吴中称作"归江东"。

温庭筠在吴中一带度过了人一生中非常重要的青少年时代，这就不难理解他诗词的艺术风格为何带有明显的南方色彩，并辞藻浓艳、色彩华丽，因为南方气候温暖如春，鲜花常开，芳草萋萋，蝶蛾共飞，这些皆是色彩艳丽的画面；也不难理解他的作品为何大多情感浓烈，而他的性格为何又如此敏感多情，因为比起北方人来，南方人的性格更为感性细腻一些。一个人从童年到青年时代的记忆是最鲜明深刻且一生难忘的，吴中的山山水水、一草一木、人文景观为温庭筠的诗词创作提供了大量美好的素材，并使他形成了婉绮丽的诗词风格。

更重要的是，吴中的日子单纯而又快乐，那时候的温庭筠对一切都充满了美好的想象。以至于在以后的岁月里，每每受到挫折而痛苦不堪时，他都会拿这段日子聊以慰藉。他在吴中一直居住到壮年，包括后来出塞和入蜀，他的居住地仍是吴中。温庭筠对吴中的感情可谓是深刻的，即便后来移居京城长安鄠郊，他心中仍不忘自己的故乡。而在他漂泊他乡、苦寒无依的日子里，吴中永远是他心中最温暖的地方。

第三节

三尺屏风隔千里——《吴苑行》

锦雉双飞梅结子，平春远绿窗中起。
吴江澹画水连空，三尺屏风隔千里。
小苑有门红扇开，天丝舞蝶共徘徊。
绮户雕楹长若此，韶光岁岁如归来。

吴苑指的是春秋时吴国的宫殿，到唐朝时已经非常荒芜。吴苑是苏州的代表，而苏州又是温庭筠的家乡，作者通过对自己家乡一座荒废小苑的描写来抒发对家乡和国家的情怀。

荒废的小苑中，梅花自开自落，现在已结成青青的梅子，漂亮的山鸡在苑中双宿双飞。站在窗前向外望去，是一望无际的绿色。再往远处眺望，吴江就像一幅淡淡的水墨画，江水似乎和蓝蓝的天空连接了起来。三尺屏风围成了一个狭小的世界，千里之外的事情似乎都被阻隔了。小苑虽然早已荒废，但红色的小门还开着。天空中飘舞着白丝，和蝴蝶一起飞来飞去。绮丽的苑子和雕刻了花纹的房梁若能永不破败，那么逝去的时光也会再回来。

从字面意义来理解这首诗，其不失为一幅美丽的图画，但作者想表达的含义却不仅于此。这是一座荒废的小苑，是当年吴国的宫殿，到现在已经非常破败了，好在风景还非常优美，有漂亮的山鸡双飞。破败的小苑中还有锦鸡？作者为什么不写乌鸦或麻雀，而偏写“锦雉”呢？这正体现了温庭筠作品辞藻艳丽的特点。他用繁华衬托荒芜，而不是以荒芜写荒芜；总是以美来写令人惋惜之事，以喜乐来衬托悲哀，这是他的美学思想和艺术风格。

而“梅结子”更暗示在荒废的小苑中，梅花无人照料，自开自落，但也已结成青青的梅子。这是为梅子庆幸，更是为它悲哀，两种情绪交织在一起，让人不由得生出一种悲哀和惆怅的情绪。

但在这断壁残垣中，春草却长势良好，绿色一望无际，而且是“窗中起”，说明作者视野非常开阔，随意站在窗前，就可以看到满苑绿色；也说明窗户很可能只剩下框子，而且苑中连树木都没有了，没有什么遮挡自己的视线，再次说明小苑的破败。一个残败的小苑却被作者写得这样美。

“吴江澹画水连空，三尺屏风隔千里”，这两句进一步发挥了作者的联想，也是整首诗关键的地方。“吴江”告诉我们这个小苑是当年吴国的天下，那么下一句就写到当年的吴国。当年夫差迷恋勾践所送的西施，整日在宫闱内饮酒作乐，三尺屏风遮蔽了夫差的双眼和双耳，他看不到勾践正在卧薪尝胆，敌人正在磨刀霍霍，结果最终灭了国。作者写这个典故正是要提醒现在的朝廷：如果宫廷里的人每天都沉浸于饮酒作乐，不去了解和掌握这世界上发生了什么事情，那么很可能会落到像吴国那样的下场。这是由吴江想到当年的吴国，用三尺屏风来比喻荒淫无度的宫廷生活以及皇上的闭目塞听，暗喻晚唐社会也像当年的吴国一样“三尺屏风隔千里”。

最后一句则更加升华了这种感情。“绮户雕楹长若此，韶光岁岁如归来”，如果繁华的事物能永远存在，那么失去的时光也会再回来。但这是不可能的，暗喻虽然现在的社会表面上看起来非常繁华，但是这繁华不会永远保持，就像春天不会永远存在一样。所以晚唐的统治阶级要珍惜现在的繁华景象，不要等它成为过去才哀叹再也不会回来。

看来，这首诗表面上是描写吴地一个破败的小苑，但实际上寄托了作者对于晚唐社会的期望，他不希望明日的国家也像这破败的小苑一样荒凉。在温庭筠的青少年时期，唐朝已有衰败的迹象，但不像他中老年时那般动荡不堪，所以他既担忧国家，又对国家抱有期望。

一首粉墨春情的诗表达的却是作者这样的情怀，正可谓哀而不伤，不但不伤，作者的心情反而是激荡的。温庭筠的诗由浅到深会有好几个意思，你可以只欣赏它艳丽的文字，这是一种美；也可以去挖掘文字背后的深刻意义，这是另一种美。总之，读温庭筠的诗，就是一种美的享受。

而温庭筠家乡吴地的风光，不管是在繁盛中还是破败中，都有不同风格的美。这也让温庭筠以后不管走到哪里，心中始终念念不忘自己的故乡，并写下了大量以吴中风情为内容的诗篇。江南的春天永远盛开在温庭筠的心中。

第四节

莫逐东风还荡摇——《惜春词》

百舌问花花不语，低回似恨横塘雨。

蜂争粉蕊蝶分香，不似垂杨惜金缕。

愿君留得长妖韶，莫逐东风还荡摇。

秦女含颦向烟月，愁红带露空迢迢。

鸟儿们询问那万紫千红的鲜花，千万朵的鲜花却低头不语，那哀怨的样子好像是在怨恨横塘的雨。蜜蜂争先恐后地采集着花蜜，蝴蝶分享着花的芳香，它们忙忙碌碌的，完全不像安静的杨柳，低垂着一条条金色的枝条。希望你们能永远保持现在妖娆美好的样子，不要被东风吹得摇晃不止。可是为什么秦女却皱起了眉头，她望着天空中朦胧的月亮，脸上带着忧愁和晶莹的露珠，感叹着一切都已经远逝。

这是一首自怜和自伤的诗。诗中的“花”代指主人公，这位女主人公可能是位歌伎。从诗的第一句开始，女主人公就在抱怨自己的命运。“百舌问花花不语，低回似恨横塘雨”，花低头不语是因为横塘的雨把它打落了，摧残了它。接着，“蜂争粉蕊蝶分香，不似垂杨惜金缕”，作者将百花和杨柳进行对比，“扬花抑柳”，花是正面的、大方的，柳则是负面的、小气的。作者在自己的诗词中描写过很多次百花和杨柳，都是单纯地歌颂景物，为何在这里将二者进行对比？在敦煌曲子词《望江南·君莫攀》里有这样的句子：“我是曲江临池柳，这人折了那人攀，恩爱一时间。”那么在这首诗里，作者也是把歌伎比作柳树，没有人珍惜她们，所以柳树只好低垂着柳丝不语。

“愿君留得长妖韶，莫逐东风还荡摇”则是紧扣主题“惜春”，愿一切美好的东西都能够长存，不要被那东风摧残。这里女主人公是希望自己的青春和容颜能够长存。而“秦女含颦向烟月”则是用了一个典故，“秦女”指的是春秋时秦穆公的女儿弄玉。弄玉的夫君是吹箫的箫史，两个人在城墙上吹箫，美妙的箫声引来了凤凰，二人最终乘凤凰升天而去。作者用这个典故暗示女主人公也想像秦女那样拥有一段美满的姻缘，或能像秦女和她的夫君那样摆脱尘世的烦扰，过上神仙般自在的日子，而她想摆脱的尘世就是青楼。但是她终究不能像秦女那样，所以只能“含蹙向烟月，愁红带露空迢迢”。

这位自伤、自怜的女子很可能已青春不再，既不能有一段正常的婚姻生活，在妓院也已然失宠，她不可能像正常的女子那样有一个美满的结果。所以，她的心中既有对良女的向往，也有对她们的嫉妒，更多的则是对自己不堪命运的自伤。

这仍是一首描写春天的诗，不过这里的春天既是大自然的春天，也是人生的春天，更是人生中美好事物的象征。温庭筠写这首《惜春词》不仅是为歌伎的青春不再而哀叹，更是劝慰世人要珍惜时光，珍惜青春，珍惜自己有限的生命。他对歌伎无奈的生活际遇有着深深的同情，同时也是在勉励自己——自己拥有自由的生命，更应该珍惜青春，在年轻的岁月里多做一些事情。“愿君留得长妖韶，莫逐东风还荡摇”更是他对自己的寄语：希望自己心中永远保持美好的一面，不要随波逐流，不要被丑恶的东西同化，自己真正应该珍惜的是这些。

不难看出，温庭筠在青春时代，甚至在以后很长的岁月里，都保持着相对单纯和纯粹的一面，对于世间的一切美好，他都有着强烈的向往。无论是爱情、友情还是世间的大爱，他都非常重视并愿意去付出。为朋友，为红颜知己，为不认识的女子，他一生写了那么多的作品，歌颂她们的美好，哀叹她们不幸的命运，皆是因为他的心中始终拥有对美好事物的向往。这既是他的天性，也是他的追求。这种追求使他不愿意向丑恶和强权妥协，故而饱受挫折，但他的人生也因此变得众不同并有了更多的意义。

这首诗描写的依然是温庭筠的家乡吴中的春天，江南的旖旎风光一直是他作品中最重要的元素，而青春岁月里的快乐日子则一直是他一生坎坷岁月的支撑。但纵然一生坎坷，他始终不曾浪费光阴，少年时代苦读诗书，羁游他乡时体会生活，失意的日子勤奋写作，入仕为官时尽责职守，这就是他“惜春”的态度。

第五节
黄莺不语东风起——《杨柳枝·苏小门前柳万条》

苏小门前柳万条，毵毵金线拂平桥。
黄莺不语东风起，深闭朱门伴舞腰。

温庭筠的诗词中出现杨柳的次数不计其数，杨柳在他心中是美好春天的象征，因此他无数次地歌颂杨柳。但是，单纯以杨柳为题的诗词他写得却不多。

这是一首咏物诗，温庭筠的咏物诗数量也不是很多。诗中写道：苏小小家门前的柳树有成千上万棵，树上的柳枝都垂挂在西湖边，细长的金色柳丝在微风的吹动下轻抚着平桥。天色渐晚，黄莺停止了鸣叫，春风却刮了起来。苏小小家的朱红色大门已经紧紧关上，只有柳丝在春风的伴随下轻轻舞动。

柳树是极为平常的植物，温庭筠和其他诗人都曾歌颂过无数次，如何写出新意呢？温庭筠找到了一个最好的切入口——苏小小。苏小小是南齐钱塘名妓，她的坟墓就在西湖边。温庭筠歌颂苏小小门前的西湖之柳，暗示了他对苏小小等名妓的欣赏之情。温庭筠写过许多歌颂妓女的诗词，他对妓女这一群体不但没有歧视，反而有着深深的同情。古代的一些妓女特别是歌伎，她们不但貌美，通常还有过人的才华，只因命运的捉弄才不得已沦为妓女。所以，文人雅士常对她们报以欣赏之情，温庭筠也不例外。

在这首诗里，春柳与苏小小此等美人互相辉映，春柳自然更美。诗的后两句“黄莺不语东风起，深闭朱门伴舞腰”，“舞腰”是双关之语，既指柳树之腰，又指美人之腰。日暮时分，黄莺休息，朱门紧闭，只有春风无声地吹动柳枝，展现一幅清新雅致的画面。作者对苏小小的欣赏之情自在其中，但这种情调是温庭筠这样的文人阶层独有的。

所以，这首《杨柳枝·苏小门前柳万条》不仅是一首咏物诗，而且将咏物与写人相结合，呈现出景与人相统一的意境。虽是写柳，但除了第一句点名“苏小门前柳万条”之外，其他三句作者均未直接写柳，而是用了暗示、联想、借代、比喻等手法来表现柳树的风采。这是温庭筠婉约含蓄风格的呈现，作者的“留白”给了读者想象的空间。而在这首诗里，作者绮丽的文风也得到了展现：绿柳、朱门、金线、黄莺，四种颜色巧妙搭配，让读者的头脑中自然可以出现一幅绮丽的春天画面。

温庭筠偏爱清新、绮丽的写作文风跟他长居江南有关。事实上，不仅是温庭筠，整个晚唐时期诗人的诗风都呈现出鲜明的南方色彩，这都和他们长期的江南生活有关。例如李商隐幼年时曾随父亲在越州生活了六七年，杜牧则在扬州、宣州、池州等地有长时间的仕宦经历，许浑长期居住在润州……尽管这些诗人都独具个性，但他们又具有共性，那就是诗词中有明显的南方色彩。所以，不管他们的诗词是伤春悲秋，还是针砭现实，都充满了江南色彩和情调。这种情调增加了他们诗词的韵味和魅力，成为吸引读者的原因之一。而温庭筠无疑是将这种色彩和情调发挥到极致的一个作家。

第六节

堤上扬鞭烟草迷——《春洲曲》

韶光染色如蛾翠，绿湿红鲜水容媚。
苏小慵多兰渚闲，融融浦日鸡鹊寐。
紫骝蹀躞金衔嘶，堤上扬鞭烟草迷。
门外平桥连柳堤，归来晚树黄莺啼。

温庭筠描写家乡吴中的作品有很多，这首《春洲曲》和《偶题》一样，同样描绘了一幅江南风光。

远山似乎被染成了青黑色，犹如女子的眉毛一样美丽。绿色的植物经过水汽的浸润看起来既湿润又鲜嫩，鲜艳的花朵看起来也更加娇媚。蛾翠指的是青黑色，是古代妇女画眉常用的颜色，又像是山的颜色。苏小小常常懒得出游，太阳暖融融地照在洲浦上，这时水鸟好像也安静地睡着了，在兰花盛开的水边，一切都显得那么悠闲而宁静。然而，这种宁静被打破了。河堤上，套着漂亮马嚼子的骏马一边缓慢行驶，一边嘶叫。这时，骑马的人儿却突然扬起了手中的鞭子，肆意驰骋起来。马儿奔跑在茫茫如烟的绿草地上，这情景看起来是那么迷人。大门外，长长的岸堤上种满了柳树，与一座座桥相连。黄昏时归来，树上黄莺的啼叫声悦耳动听。

春日的江南真的是风光无限好啊！

这首诗传递给人的整体感觉是美丽的风景、懒散的主人公和她闲适的心情。苏小小的慵懒、水鸟的静谧、骏马的缓慢行驶，无一不告诉我们这一切都是懒懒的。但我们不禁会有这样的疑问：究竟是慵懒的环境决定了作者慵懒的心情，还是作者慵懒的心境决定了慵懒的自然环境？恐怕是互有影响吧。也许只有像温庭筠这样悠然自得的人才会发现并且享受生活中这细小的慵懒和闲适，不管如何怀才不遇、生活如何落魄，他依然有双发现生活之美的眼睛和一颗热爱生活的心，这是一个诗人该有的性情。只有拥有这样的细腻和敏感，他才能写出令世人沉醉的诗篇。

这首《春洲曲》和《偶题》、《吴苑行》、《惜春词》、《杨柳枝》一样描写的都是春天的景色。这里笔者也要揭示出温庭筠作品的另一个特点，那就是特别喜欢描写春天，春天的景物在其诗词中出现的次数多得无法尽数，这是其他诗词作家包括和他齐名的李商隐所不能比的。温庭筠为何如此喜欢描写春天？这固然和他的家乡在江南，而江南温暖如春，他因此喜欢春天，记忆中对春天有深刻的印象有关，但同时也和他个人的性格和审美情趣有关。温庭筠虽然一生坎坷，但其实就他的性格来说，是积极乐观的，他对生活充满了热爱并乐于享受生活，愿意去歌颂美好的事物，所以春天、爱情就经常出现在他的作品中。而对秋天，他则很少描写，这一点和爱描写秋天的李商隐有明显的不同。

所以，春天的闲适、慵懒的美好意境成了他的追求，而这种闲适悠然的意境却是多少人向往而不得的。他们并非得不到，而是把更多的注意力放在了追逐名利上。与其他诗人相比，温庭筠的大部分诗词或许陷入了小情小爱中，与那些终日忧国忧民的诗人的作品相比，也许多少有点儿女情长或小家子气，但这种“老婆孩子热炕头”的温暖，又有谁不渴望、不羡慕呢？

年少的温庭筠就是一个这样的人，他在苦读诗书、志存高远之外，尽情享受家乡吴中的美丽风光和少年的大好时光。不可否认，温庭筠的青少年时代是快乐无忧的，这一点从他诸多描写家乡的诗词中就可以看出来，其中无不透露出美好的情怀和闲适的心情。他的青少年时光实在是太美好了，留给他的记忆也太深刻了，以至于他以后每次写家乡吴中的诗作时总能信手拈来，而且是那么的自然动人，毫不做作。

对于此时的温庭筠来说，挫折和磨难还没有真正开始，他对未来怀有太多美好的希冀。但他知道，要想建功立业、光宗耀祖，光读万卷书是不够的，还要行万里路、接触社会、感受现实，如此才能知道自己的理想是不是能够实现。所以，他必须去游历。

这个想法一旦形成，温庭筠就在心中盘算具体的行程。二十八岁那年，他在求仕的道路上已经做了一些小小的努力，但却没有任何结果。此时的他也已成家，成家尚未立业，何时才能实现心中的宏图大志？温庭筠心中有些着急。终于，在二十八岁这一年，他的边疆之旅成行了。

第二章

一重山色，几多深情

要实现经世济国的人生理想，少不了“读万卷书，行万里路”。温庭筠在自己的家乡吴中度过了无忧无虑的青少年时代，已经实现了“读万卷书”，所以他迫切想要“行万里路”。于是他来到边塞，来到蜀地，这里的风光令他沉醉，但更多的事情却刺激着他的心灵，使他写下了一首首诗篇。在这些作品中，他倾诉着对祖国的热爱和担忧，也表达着对朋友、对边疆将士的关怀。在这山水之间，他留下了自己浓浓的深情。

第一节

一星烽火朔云秋——《回中作》

苍莽寒空远色愁，呜呜戍角上高楼。

吴姬怨思吹双管，燕客悲歌别五侯。

千里关山边草暮，一星烽火朔云秋。

夜来霜重西风起，陇水无声冻不流。

这是一首以边塞生活、景物为题材的作品。回中指的是回中道，南起千河河谷（今陕西陇县北），北至萧关（今宁夏固原东南），因途经回中而得名，为关中平原与陇东高原之间的交通要道。汉武帝时为行路方便修回中道，为丝绸之路中的一段。这是作者出塞时途经回中道而写的一首诗。

作者在诗中这样写道：远远望去，苍茫的天空一片迷蒙，天气似乎有些寒冷，萧萧秋色让人心生愁绪。独自登上高楼，阵阵“呜呜”声传来，是边防驻军吹响了号角。此时的情景让人不禁想起一些凄凉的画面：吴地的歌伎为排遣心中的哀怨吹起了双管，荆轲大声悲歌，正在辞别燕太子丹。这些画面和眼前的景色多么相似。再看此时的边塞，一望千里，一片辽阔，草木凄凄，暮色苍茫。山顶燃起烽火，火光闪耀，更衬托出北方秋天的萧瑟。夜晚来临，寒霜浓重，阵阵西风使天气更加寒冷，这时的陇水没有一点声息，因为它早已凝结成冰，再也不能畅快地奔流。

这一幕日暮边关广阔的景象，寓情于景，不但描绘了苍茫的边塞风光，也抒写了守卫边塞的驻军之苦，更寄托着作者客游边地的愁怀。作者在这首诗里并没有刻意地渲染愁绪，而是着重描写边塞风光和景物，以景抒情。但读者通过自己的领悟即可体会秋之萧瑟、戍之艰辛，同时也能体会到作者的“苦”。

作者有什么苦？一为国家苦。国势衰微，军队的战斗力不断下降，边塞往日的无限风光不再，不胜唏嘘。二为自己苦。自己满腹才学，满腔抱负，却至今仍毫无建树，报国无门，只能在此流连辗转，不觉叹息。自己的心情就如“重霜”、“西风”、“陇水冻不流”一样凄苦与悲凉。

作者为何有这样的苦？当然与这次出塞看到的一切有关。温庭筠此次的边塞游历是从长安出发，经过回中道向北至泾州一带，再过西堡塞北，出塞至敕勒川、阴山之地，然后折回再向南行，至绥州。他出发时秋高气爽，回来时已是白雪皑皑，即是次年的冬天。出发的时间和地点可以从温庭筠的另一首边塞诗《西游书怀》中得知：“渭川通野戍，有路上桑干。独鸟青天暮，惊麏赤烧残。高秋辞故国，昨日梦长安。客意自如此，非关行路难。”

在历时近一年半的边塞游历中，温庭筠亲眼看到了戍边将士的疾苦、边塞的凄凉以及国势的衰微，而此时的他已经二十多岁，尚未有一丝功名，所以他无法为改变国家现状、分担人民忧愁做任何事情，年少时立下的效仿先祖报效国家、建功立业的志向也未曾实现一点，这怎能不让他感到愁苦。

此时的温庭筠由于种种原因尚未参加科考，因此也没有机会取得功名。而他少年时就曾立下宏伟大志，如今却不能一展抱负，不免心中忧愁，只能借游历来一览祖国河山，亲眼见证国家的现状和人民的疾苦。而这种经历更增强了他报效祖国的决心，更丰富了他的人生经历，使他有了更多的写作题材。

温庭筠一生中有过多次游历的经历，有主动为之，也有后来被贬时的无奈为之，他也因此留下了大量以边塞生活、景物以及游历经历为题材的作品。这首《回中作》不多言情只描绘景色，而情却蕴含在景中，这样写的好处是不会使读者的思维被作者所限制，读者可以随意发挥联想，读起来更觉意蕴绵长。这是温庭筠一贯的写作手法。也因如此，这首诗被王夫之评价为温庭筠唯一“纯净可诵”的作品。

“读万卷书不如行万里路”，温庭筠自知自己的渺小甚至无知，所以要借这次游历生涯丰富自己。这次出塞是他第一次走出家乡吴中去感受外面广阔的世界。在这次出塞途中，他留下了多首作品，这些作品丰富了他的词作内容，使这个“花间鼻祖”不仅有靡靡之音，更有忧国忧民、描写各地风光的大气深沉之作。

第二节

楼中思妇徒相望——《遐水谣》

天兵九月渡遐水，马踏沙鸣惊雁起。

杀气空高万里情，塞寒如箭伤眸子。

狼烟堡上霜漫漫，枯叶号风天地干。

犀带鼠裘无暖色，清光炯冷黄金鞍。

虏尘如雾罩亭障，陇首年年汉飞将。

麟阁无名期未归，楼中思妇徒相望。

《遐水谣》，遐是远的意思，这里并没有说是哪里的水，以泛指作者心中所想的地方。

诗的开头就告诉我们故事发生在九月。九月，皇上派来的兵将渡过远方的水，长途跋涉，因而车马劳顿、疲惫不堪，每一步都是那么沉重。然而，车马所到之处，尘土飞扬，正在沙岸水边栖息的大雁被这浩大的声势惊得飞了起来，一边飞一边仓皇地叫着。高高的天空中，黄土与大雁齐飞，天与地融为一色，而将士们的眼睛却被这塞外的寒风吹得生疼。其实，将士们受到伤害的何止是眼睛，还有那颗远离故土、家人的心。这里的“寒”字并非仅指边塞的寒风，也指将士们的心情，这就为后面故事的发展埋下了伏笔。这一段既描写了客观环境，又有言外之意。

因为已经很久没有战事，所以狼烟堡上也很久没有燃过烟火了，覆盖了一层厚厚的白霜。天气干燥，枯叶飘零，狂风呼啸，卷着枯草和沙砾漫天飞扬。寒冷的天气中，即便穿着貂鼠皮做的衣服，系着犀做的带子，也感受不到一点暖意。可现在，将士们却身披铁甲，一手握着铁器，一手扶着马鞍，顶着凛冽的寒风，站在这清冷的霜地里，准备随时出发。这一段把边疆恶劣的环境以及将士们的艰苦表达得更加淋漓尽致。作者既为将士们守卫边疆的精神所感动，又同情他们的遭遇。

突然，尘土飞扬，整座城堡似乎都被笼罩其中，杀戮之声传来，鲜血满地。

汉朝的将军李广年年和将士们战斗在第一线，屡立战功却不得封侯，难免心生怨言。有朝一日即使为国家捐躯，麟阁上也不会刻上他的名字，今日拼死打仗又有什么意义呢？回家的期限已经过了好久，而将士们仍旧不能归还。家中的妻子望眼欲穿地等着丈夫回来，却只能一次又一次地失望。读者读到这两句时也许会觉得有些奇怪，战士们守卫边疆，为何会在自己的城堡内发生战事呢？可见，这不是和异族打仗，而是和自己人打仗。为什么会和自己人打起来呢？作者并没有直接给出原因，而是说起汉朝的李广屡立战功而不得封侯的事，这和此次杀戮有什么关系呢？结合前后的诗句来看，读者就可以得到答案：边疆的将士们立下的军功被那些贪官所得，自己永远得不到功勋，所以麟阁上永远都不会有他们的名字。而边疆条件艰苦，将士们长年守卫而不能回家，无法和家人团圆，各个心中都有怨言。这就是他们军中起义的原因。

不过，这是我们读完整首诗后再结合历史事件的理解，作者并没有直接告诉我们这些。作者既没有说城堡内的杀戮就是起义，也没有说明起义的原因在于将士们对朝廷不满，而是借用李广的故事让读者自己去领悟。作者为什么不直接告诉我们这些呢？这需要了解一下晚唐时期的历史。晚唐时期，给朝廷严重打击的并非只有外族的入侵，农民起义给予的打击更大。朝廷腐败，贪官横行，百姓的日子苦不堪言，只有用起义来反抗。温庭筠在这里表达了对将士们遭遇的同情、对朝廷的不满，但又不敢过于直接地表达，所以只含糊地用了个“虏”字，又借用李广的故事来引导读者自己去领悟，由此可见作者的良苦用心。

温庭筠既有诗人的正气，又有自己的政治敏感，而艺术这种形式又给了他自由表达的条件，所以他既可以替人民说话，又可以不那么锋芒毕露，这也正是他的聪明之处。然而之后温庭筠越来越无法掩饰自己的锋芒，那是因为他实在是对朝廷太失望、对贪官太愤恨、对现实太无奈，所以无须再压抑自己。

温庭筠的这首诗堪称一部史诗，一部描述边疆将士思想的小传，他写的不仅仅是一件事，更是时代的进程和历史的本质。我们也不仅看到了一幅历史的画面，更得到了历史的教训。温庭筠没有刻意去刻画矛盾，但矛盾却又被他揭露得十分深刻；他没有用喊口号的方式直接说出自己的态度，而是从每一字、每一句中自然流露。对于这样的作品，我们只能用八个字来评价：“不着一字，尽得风流。”这样的诗作，无论是从艺术性还是思想性来看都堪称上乘。

温庭筠此次出塞看到了真实的晚唐社会，这一切均和他想象中的大唐有所出入甚至大相径庭。他虽然没有功名，暂时不能为国家和人民做些什么，但他也不想做一个置身事外的人，所以借手中的笔为那些受到不公待遇的人说话。在这里，他对兴师动众的战争提出了责备，或许这是一场不义的战争，并不是为了守家卫国。而在他的心中，对朝廷的不满越来越强烈，对国家的担忧也越来越沉重。随着边塞之游的历程越来越长，他的这种心情愈更加强烈。

我们不知道温庭筠的边塞之游还经历了哪些波折，但是他对于社会的关注，第一次在心底开始燃烧、呈现。未来的人生路上，温庭筠对于政治和社会的抱负，可以说都是源于这次边塞之旅。

第三节

年年锦字伤离别——《塞寒行》

燕弓弦劲霜封瓦，朴簌寒雕睇平野。
一点黄尘起雁喧，白龙堆下千蹄马。
河源怒浊风如刀，剪断朔云天更高。
晚出榆关逐征北，惊沙飞迸冲貂袍。
心许凌烟名不灭，年年锦字伤离别。
彩毫一画竟何荣，空使青楼泪成血。

《塞寒行》是温庭筠此次出塞时所写的另一首新乐府诗。在这次出塞的过程中，他写下了许多诗篇，如《西游书怀》、《回中作》、《过西堡塞北》、《敕勒歌塞北》、《边笳曲》等，我们正是从这些作品中判断出他此次出塞的时间和路线的。而这首《寒塞行》是温庭筠此次行程即将结束时所作，写得更是苍劲有力、气势恢宏，画面感十足。

燕地所产的弓箭素为良弓，弓弦强劲有力。屋顶白茫茫的一片，那是因寒霜降落在瓦片上。寒风中，一只只大雕扑簌簌地落下，斜视着这平川田野及苍茫的大地。狂风骤起，尘土飞扬，正在悠闲踱步的鸿雁被吓得四散飞去。放眼望去，白龙堆下，一匹匹战马呼啸而来，足有成千上万匹，气势壮观。波涛滚滚的黄河和战马一起朝前狂奔，寒风迎面袭来，战士们的脸上犹如被刀割一般。这狂风把天上的云彩都吹散了，天空不再迷蒙，而是变得更加清澈高远。傍晚时分，战士们骑上骏马飞奔跨出榆关，这次的征程是北征。一路上，沙土狂啸，飞迸进战士们所穿的随风飘扬的貂袍里。

纵然“霜封瓦”、“风如刀”、“惊沙飞”，条件如此艰苦和恶劣，但我们有“弓弦劲”、“千蹄马”，有如此牢固的防备，北征一定会取得胜利。当初征战时，战士们怀着建功立业、名垂史册的雄心壮志，可现在和家人的书信中总是充满了离别的愁绪。即使有朝一日能像那些君王一样把自己的彩色画像留在凌烟阁上，也没有什么值得自豪的，因为这些虚名换不回一年又一年妻子独守空房的孤独和眼泪。

《回中作》表达的是作者为国家衰亡而自己不能报效祖国的愁苦之情，这首诗表达的则是对常年征战、戍守边塞而不能和家人团聚的战士的同情。诗中既描写了战士们威武的英姿和对北伐战争必胜的信心，也描写了边疆条件的恶劣，以及战士们的思家情绪和厌战情绪。纵然人人都有一颗报国之心，都愿意为国家抛头颅、洒热血，但他们毕竟都是凡人，常年征战，驻守在条件恶劣的边疆，无法和家人团聚，怎么可能没有厌烦情绪呢？而家中人的望眼欲穿和重重担忧，又怎能不让他们感到痛楚呢？

头八句全部描述边塞生活环境的艰苦和常年征战的战士们的疲惫，这正是为了衬托后四句战士们想念家人、厌烦战争的情绪。条件这么艰苦，战功又常常被高官们贪污，朝廷又过着荒淫腐败的生活，战士们怎么能毫无怨言地打仗呢？这首诗字字句句透着苍凉，一如作者的心情。

战士们的痛楚也是温庭筠的痛楚。温庭筠经过一年多的边塞游历生涯后，对边塞的艰苦条件和戍边将士的疾苦已经有了很深的体会。此时，他的心情也和刚刚入塞时有了很大的不同。刚刚来到边塞时，他还是踌躇满志的，所以眼中看到的多是边塞的豪迈风光，心中想到的多是自己的愁苦。而现在，游历边塞一年之久，他看到的和想到的更多了：边塞有的不仅是豪迈的风光，还有异常艰苦的自然条件；自己心中纵然有再多的愁苦，但和戍边战士们心中的苦比起来又算什么呢？

晚唐时期，国势衰落，朝廷腐败，边疆常年战乱，这些都刺激着温庭筠的心。他正是才华横溢、年轻气盛之际，一腔抱负还未施展，看到此情此景怎能不唏嘘感叹。这次出塞是他第一次走出家乡吴中，也是他第一次亲自去感受这个国家，纵然这一切令他心酸，但他建功立业、一展抱负的雄心壮志非但没有磨灭，反而更加坚定了。

温庭筠此次出塞最后到达的地方是绥州。他在遂州呆了较长一段时间，因为当时遂州的节度使是李寰，他曾经拜访过李寰，希望在其幕府上做一个幕僚，但未能得到机会。也许，这种失落让温庭筠对现实产生了一丝沮丧，于是他离开遂州，结束了这次出塞之行。

政治上的失落让温庭筠不得不转向山水之欢，这个时候的他已经逐渐有了这样的心态。

第四节
三更霸陵雪——《侠客行》

欲出鸿都门，阴云蔽城阙。
宝剑黯如水，微红湿余血。
白马夜频嘶，三更霸陵雪。

这首诗刻画了一个行侠仗义的侠客形象，赞扬了其慷慨正义、勇武杀敌的侠士精神。唐朝时期，侠义之风盛行，描写侠客精神的作品很多，但大多作于初唐时期，晚唐时期这样的作品实属少见。温庭筠这篇《侠客行》可谓是此类作品的压轴戏。

侠客刚要出洪都门，天空突然乌云密布，整个城池都笼罩在一片阴暗当中。但纵然天气阴沉，风雨欲来，也挡不住要出门的侠客。侠客手中的宝剑锋利无比，闪着寒光，剑身微红，上面还沾染着敌人的鲜血。侠客提上宝剑，跨上战马，绝尘而去。黑暗的夜色中，四处一片宁静，突然传来马儿频频的嘶鸣声，一匹白马随后飞奔而来，它和它的啼叫声撕破了这夜的平静。侠客从洪都出发，一路马不停蹄，三更时分就能到达霸陵。

温庭筠的作品很少直接表达观点或直抒胸臆，也很少从正面描写人物形象，这首诗也是如此。他没有描写侠客的行侠仗义事件，也没有直接赞颂其侠义精神，只是描绘环境，叙述侠士的行为，从而渲染气氛，让其豪迈气概和高大形象自然跃然纸上并树立在读者心中。

作者没有直接描写侠客，但侠客的形象却是那么立体。作者也没有夸奖侠客一句，但侠客的英勇、胆识、高超的武艺都已在字里行间表现出来。

比如开头，“欲出鸿都门，阴云蔽城阙”，侠客出门时天昏地暗，胆小之人此时可能已经不敢出门了，但侠客毫无畏惧。阴云遮蔽了整个城池，这不仅是写自然环境，更预示着此次出门可能前途未卜，甚至凶多吉少。但侠客依然义无反顾，绝对不会知难而退。这“阴云”也暗示人世间的不公和黑暗，侠客义愤填膺，就是要去驱散这黑暗，这也是他出行的原因。

“宝剑黯如水，微红湿余血”，侠客当然不能没有武器，这武器就是宝剑，宝剑也是侠客的象征。侠客用它披荆斩棘、惩奸除恶，所以武器必然要锋利无比。而“宝剑黯如水”就是说宝剑像波光粼粼的水一样闪着光，而且是寒光，可见宝剑被磨得非常锋利，看一眼就令人不寒而栗。如此锋利的宝剑肯定立下过不少功劳，剑身微红，说明已经杀过不少人，所以剑上的血迹都擦不干净了。也可能是侠客刚杀了人，血迹还留在剑上，他此时正要去逃命。但不管怎样，这里表面上是写剑，其实是写侠客的风采和英姿。

最后两句作者又从另一个侧面来描写侠客的形象。“白马夜频惊，三更霸陵雪”，乌云密布的黑夜中，一匹白马在奔驰，黑夜与白马形成反差，黑夜的宁静与马儿的嘶鸣形成对比，更加突出了侠客的形象，其在天寒地冻之中奋勇前进的形象立刻出现在我们的脑海中。诗的最后告诉我们侠客的目的地是霸陵。霸陵是汉文帝的陵墓，汉文帝是西汉时期的明君，暗示着侠客是要去投奔明主的。这里还有更深一层的意思：温庭筠心中也有侠客精神，或者自比侠客，他也想投奔一位明君，像侠客那样一展自己的抱负，并像侠客那样不畏黑暗、斩杀妖魔、立下功绩。

至此，才是温庭筠真正要表达的意思。他对侠客赞叹而又羡慕，因为侠客可以一展抱负并投靠明君，而自己却不为人所用，只能在这里独自漂泊。温庭筠的经世济国思想一直贯穿在他的诗词创作中，他一直希望得到一位明主的青睐或重用。后来他和丞相李德裕、太子李永交好，皆有此目的。

这首游侠诗也反映出温庭筠心中存有一份侠客的自由浪漫精神。当然，行侠仗义、有一番世人称颂的作为也是他最想拥有的。

温庭筠的这首诗完全脱离了浓艳之风，写得风骨遒劲、豪迈不羁，与他其他作品的风格大相径庭，这也说明他有丰富的艺术个性和多样化的艺术风格。

这位侠客是真实的人还是温庭筠想象中一个人，我们不得而知，很有可能就是他游历生涯中遇到的一个人。在边疆寂静而又荒芜的黑夜中，突然出现了这么一位侠客，确实非常有画面感。然而，这位侠客只是这次游历之中的过客，他并没有时间去多交流、多沟通，便选择了匆匆而去，这不免是个遗憾。

第五节

月照高楼一曲歌——《赠少年》

江海相逢客恨多，秋风叶下洞庭波。

酒酣夜别淮阴市，月照高楼一曲歌。

在此次游历中，温庭筠遇到了许多人物，有互相熟悉后成为朋友的，也有留下姓名但只是成为彼此的匆匆过客的。但有这么一位朋友，虽没有留下姓名，但却留在了温庭筠的记忆中，温庭筠还为他写下了这首《赠少年》。

“漂泊在异地他乡，我们的心情是多么凄凉，本都是匆匆过客，却突然遇到一位投缘的朋友。本来是一件十分高兴的事情，但相谈之余却发现你我都十分失意，转而又要匆匆离别，于是心中充满了离愁别恨。这时已是秋天，秋风萧瑟，树叶凋零。就让我们喝酒话别吧，倒上一杯酒，用古人的酒杯浇灭你我心中的不得志。月亮照在高高的楼台上，让我们高歌一曲，就此作别。”

这首赠别诗写得如此凄凉，但其又不是一般的赠别诗。一般的赠别诗里有离愁，但不至于“恨多”。“客恨多”里的恨指的不仅仅是离愁别恨，更是二人的颇多失意，为彼此的前途失意，为自己的怀才不遇失意，对于两个男人来说，只有这样的失意才会让他们“恨”多。而萧瑟的秋风和落叶皆是为了渲染他们心中的恨意。本来心情就十分惆怅，看到秋风瑟瑟、满地落叶，心中就更加凄凉了。

这首诗前半部分主要是写景，虽然恨意多但写得比较含蓄，后半部分则比较直接了。心中有恨就借酒消愁，“酒酣夜别淮阴市”，喝完再话别。但为什么是“淮阴市”呢？这不仅仅点出了和少年分别的地点，实则另有深意。韩信被称为淮阴侯，少年时非常穷困，曾经乞讨并受胯下之辱，在淮阴市丢尽脸面。可他后来却征战沙场，成为西汉百万军中的统帅。温庭筠在此写到淮阴，自然是希望能像韩信那样有一番功绩。因为他一直自认为才华出众，又有经世济国之大志，早晚能有一番作为，此时只不过是落魄时的韩信罢了，故“酒酣夜别淮阴市”。这说明温庭筠虽然失意，但对明天的自己仍然抱有很大的期望。所以最后他才在高楼对着明月，和少年放歌一曲鼓励自己。

温庭筠表达自己的心情时永远都是不露痕迹的，本诗亦是如此。他用典故寄托自己的宏图大志，用喝酒、高歌来表达自己的豪迈情怀，将写景、叙事、抒情融为一体。这里也写月亮，但是不缠绵、不悲凉，而是充满豪气。这在温庭筠众多绮丽藻饰的作品中独树一帜，令人耳目一新。

这首诗虽然由恨意开始，但最后并不悲伤，而是以豪放结束。这说明温庭筠在此次游历期间，虽然看到了许多令人失望的现实，但对自己的前途还是充满了信心。毕竟这时候的他还处于青年时期，还充满豪情壮志。温庭筠的个性本是积极乐观的，虽然敏感但并不悲观，这和李商隐又有所不同。从这里也可以看出来温庭筠为什么不爱写秋天而更爱写春天，即便是写秋天的作品，他表现得也没有那么伤感，起码不像李商隐那么绝望。

这可能是温庭筠的天性，他可以愤世嫉俗，可以放荡不羁，可以善感多愁，但他从不悲观。哪怕他后来对朝廷失望，对算计他的小人深恶痛绝，对社会的黑暗面感到无奈，他也从未对时代失望过。他深信，有人会来拯救这个时代，甚至他一度以为自己就是那个可以拯救时代的人。或许这样想有点自以为是，但温庭筠就是这样自负，除非遭受毁灭性的打击，否则他永远都不会对世界绝望。

温庭筠固然忧国忧民，但他对个人命运的担心超过对国家命运的忧虑，他心中念念不忘的是自己经世济国的梦想。而且他觉得自己的理想和国家的理想是一致的，只要他有才华，只要他能得到重用，那么他自然可以像他的先祖那样，挽救国家于危难之时，并为国家的发展贡献自己的力量。

第六节

惜别潺湲一夜声——《过分水岭》

溪水无情似有情，入山三日得同行。

岭头便是分头处，惜别潺湲一夜声。

这首《过分水岭》读起来朗朗上口，让人忍不住反复吟诵，因此也是温庭筠作品中较为脍炙人口的一首。这首绝句描写了温庭筠过分水岭时遇到溪水的感受。分水岭是什么地方？指的就是汉水与嘉陵江之间的分水岭，大约在今陕西略阳县东南的嶓冢山处。在唐朝，分水岭是秦蜀或秦梁间往来的必经之地，因此只要提起这个地方，大家都知道指的就是此处著名的交通要道。

这首诗写得颇有诗意。“溪水本无情但似乎又有情。进山这三天以来，我一路前行，潺潺小溪与我相伴同行，一路不离左右，让我寂寞的旅途不再孤寂。前面马上就到分水岭的岭头了，眼看我和小溪就要分手，小溪似乎也不舍得与我分别，因此一夜都在潺潺地呜咽。”

这首诗很短，少了温庭筠作品一贯的华丽辞藻，也没有描写壮丽的景色和浓郁的情感，但读起来却别有味道。如果用一句话来形容这首小诗的特点，那就是：化无情为有情，化平凡为诗意。语言朴素却又不失情趣，读在口中是一首小诗，落在心里却是一篇散文。小溪在作者的笔下仿佛是一个痴情的少女，依依不舍送行三日，到了离别之时终于忍不住了，阵阵呜咽之声让人不禁想要去安慰她。这条小溪一定带给了作者许多美妙的感受，所以才传递给读者这样的感觉：娟秀、温婉、可爱、有情。

在这首诗里，作者用了拟人、对比的写作手法，写溪水“无情”是为了衬托它“有情”。“有情”二字是作者要表达的重点，后面三句都是在说明溪水如何“有情”。除了使用修辞手法外，作者用字也颇为准确和巧妙。例如“溪水无情似有情”，一个“似”字说明“有情”只是作者对溪水的一种主观感觉，而不是一种客观事实，如果换成“却”字，就有强硬之感，读者接受起来就没有这么自然了；如果改成“亦”字，效果又会如何呢？那就会把“无情”和“有情”放在同样的位置，无法突出“有情”了。所以，看似一个简单的“似”字，实则大有学问，如贾岛的“僧敲月下门”一样，“敲”字是经过反复推敲的。“有情”两字使这首诗平淡中见深情，同时也设置了悬念，吸引着读者去了解溪水如何有情。

下一句“如山三日得同行”，从一个“得”字就可以体会出作者因有小溪的陪伴而感到欣喜和珍贵。即将分别的时候，作者并不从自己的角度来写惜别之情，而是以溪水一夜的“潺湲”声来暗示溪水分别时难舍的深情。这里，再一次强调了溪水的“有情”。可见，作者的联想是何等的丰富，而表达又是何等的自然。

从这首诗可以看出，作者的感受是如此细腻和美妙，他的心情似乎也非常轻松和快乐，已经摆脱了出塞时的愁苦和苍凉。或许是因为此时温庭筠已经离开边塞，进入蜀地，所以暂时忘却了边塞生活的艰苦和国家的安危，从而得以好好享受一下入蜀以后的旅程。

作为花间鼻祖，细腻才是温庭筠的本质，而这首诗尽显了他的细腻。一条普通的小溪，有多少人看过，又有多少人与它同行，但又有几人能从这平凡的景象中发现它的美、它的有情？又有几人能写出这样的诗句？温庭筠有着诗人天生的敏感，以及对生活的深刻体验、对情谊的珍重，如此才能寓意溪水这样动人的人情美。所以，与其说是小溪的美触发了作者的情感，不如说是作者把自己的情感转移到了小溪身上；与其说是小溪有情，不如说是作者心中本就孕育着美好的情感。

虽然温庭筠自小胸怀抱负，长大后更是忧国忧民，但从其本身的性格来说，他并不像与之齐名的李商隐那样悲观，对晚唐的衰世也并没有过多地担忧，所以一旦离开刺激他的环境，他便立刻恢复了本来的天性——积极乐观，敏感细腻，乐意去发现自然之美，并喜欢去讴歌它们。他甚至仍存有童心，否则怎会把小溪想象成一个调皮的小姑娘。这种审美情趣不但和时代有关，也和他本身的个性有关。而走过分水岭，温庭筠的蜀地之行才刚刚开始。

也许，在温庭筠的世界里，忧国忧民远不如行游山水来得惬意，所以即使在悲愤的情绪里，他依然不忘给自己的生活添上一抹亮色。这才是一个少年应有的心态，但这也是他的艺术成就无法比肩杜甫、李白等人的关键所在。

第七节

万顷江田一鹭飞——《利州南渡》

澹然空水对斜晖，曲岛苍茫接翠微。

波上马嘶看棹去，柳边人歇待船归。

数丛沙草群鸥散，万顷江田一鹭飞。

谁解乘舟寻范蠡，五湖烟水独忘机。

温庭筠离开分水岭之后，来到了利州。利州，今四川广元，唐代属山南西道，南临嘉陵江。这首《利州南渡》正是在作者渡过嘉陵江时所作。

诗的前四句描绘道：嘉陵江上水波闪动，波光粼粼，江面开阔清澄。这时，夕阳西下，斜斜的余晖洒在江面上，夕阳映照在水中，闪烁不定的江面使此情此景更加迷人。江面上的岛岸弯弯曲曲，连接青翠的山峰，山上山雾缭绕，在余晖的笼罩下一片苍茫。这一句告诉我们渡江时正值傍晚，而夕阳下的一切都显得那么美。首句起得非常自然。虽然景色迷人，但作者却无心流连，几欲渡江而去。坐在坡上，听着船上的马儿声声长鸣，声音好像就来自波涛之上。未渡江的人坐在岸边的柳树下歇息，等待着渡马的船从彼岸返回。

后四句：船从沙草中经过，草丛中的一群鸥鸟原本在安静地休息，此时突然被惊散了。这一句和李清照《如梦令·常记溪亭日暮》中的“争渡，争渡，惊起一滩鸥鹭”有异曲同工之妙。再看看岸上，一只白鹭在广阔的田地上自由地飞翔。这一句再次说明了此时天色已晚，鸥鸟都已在沙草中栖息，只剩下一只白鹭在飞翔。而这一句又和王维的“漠漠水田飞白鹭”有相同的境界。这几句非常有画面感，江边空旷而清寂，一切都是静止的，只有船在动。

这幅利州南渡的画面宁静而又充满生机，让原本处于寂寞旅途中的作者心中也充满了希冀。处于这样的环境，他怎能不浮想联翩呢？所以作者自然联想到了急流勇退的范蠡。如今，有谁愿意放下一切俗事杂念，和范蠡一样乘一叶扁舟而去，在江湖烟水之中逍遥自在呢？这里是说范蠡有与世无争的淡泊心志，而作者自己却做不到。

这首诗就像一幅淡然悠远的山水画，由“江水、斜阳、小岛、山雾、船只、马鸣、群鸥、白鹭”组成，但这幅画的重点是水和船，所以结尾仍以“舟”和“水”结束。整首诗是一幅整体的画面，静中有动，栩栩如生。澹然空水、映带斜阳、曲岛苍茫、遥连翠微，这是静景，有“静”才能突出渡江之“动”。波上马鸣、柳边人歇、看舟去、待船归，这是闲适的心情。鸥之散、白鹭飞，乃动景。作者的笔墨由近及远，由水中及岸边，写起来层次分明。最后一句触景生情，感情真挚。全诗每一句都和“水”有关，但并不显得重复。

结尾两句有两个意思：一是作者也希望自己能有范蠡那样的淡泊心态，不为俗世烦扰；二是羡慕范蠡曾建功立业、位居高官，而自己至今还无任何功名，不免失意。对温庭筠来说，不管是这个时候还是整个一生，他更多时候的心态应该是后者。因为人如果是在繁华过后归于平淡，心态是很平和的；但如果从未经历过繁华，人是不甘心平淡的。就如同范蠡一样，在位居高官、取得过功名之后归隐，是很容易做到的。但温庭筠此时还未实现心中的理想，人生还无建树，如果此时归隐，那他会觉得自己是失败的。所以归隐一事，他只是想想而已，不会去付诸行动。而先祖父的巨大功绩摆在那里，对他来说是一个目标，他必须实现！

此时的温庭筠已到而立之年，因种种原因尚未参加科考，壮志难酬，心中失落。所以，这里既有羡慕范蠡的归隐之心，也有失意后的无奈之语。温庭筠活得并不潇洒，一生都在惦念功名，从来都没有“忘机”。

虽然这首诗的结尾落到了作者的烦恼之上，但前六句写的并不是“烦扰之境”，作者还是非常享受这幅动静结合之画营造的境界的。正因为此情此景太过美好，作者才发出这样的感叹：如果能像范蠡一样放下一切去享受人生有该多好啊！所以，纵然作者心中有小小的失意，但在这一刹那，还是被一种欣喜之情给掩盖了。

从这些作品看来，此次入蜀，温庭筠的心情比出塞时要明朗得多。毕竟，正值青年的温庭筠此时还没有遭遇过多的考场、官场打击，也未过多地品尝人生的酸甜苦辣，他对未来怀有的是美好的希望。而他的蜀地之游还在继续。

第八节

江头学种相思子——《锦城曲》

蜀山攒黛留晴雪，篆笋蕨芽萦九折。
江风吹巧剪霞绡，花上千枝杜鹃血。
杜鹃飞入岩下丛，夜叫思归山月中。
巴水漾情情不尽，文君织得春机红。
怨魄未归芳草死，江头学种相思子。
树成寄与望乡人，白帝荒城五千里。

一重山色，几多深情，蜀地之游固然让温庭筠看到了许多美景，但映入他眼帘、触动他情怀的不仅仅是美景，还有晚唐社会人民的艰苦生存状况。这首《锦城曲》就是他为蜀地的丝织女工鸣不平而作的。

温庭筠离开利州后，继续向西南方向行进，来到了剑门。剑门在剑州普安郡治之北，有大小两座剑山，剑门乃四川之门户，所以人们又称之为天险。在这里，温庭筠结交了一位朋友，这位朋友是位蜀将，颇有些功名。温庭筠和这位朋友话别之后，继续向西南方向行进，此时已是秋天。之后，他经绵州、汉州，来到了成都。据考证，此时应当是大和四年（公元830年）的冬季。温庭筠在成都待了比较长的时间，并在这里写下了《锦城曲》。

这首诗的开头就为我们描述了丝织女工恶劣的生存环境：一座座山峰像竹笋一样密集地攒在一起，远远望去黑压压的，有点阴森可怕。高耸的山峰被常年的积雪覆盖，闪耀着一道道寒光。站在山巅之上往远处眺望，峨眉、青城浮在云端，像一簇簇青黛色的蕨芽，蜿蜒曲折地聚在山峦的四周，长长的，看不到边际。蜀地的山势摄人心魄，颇为凶险，这样的山势若是观赏起来自然是极美的，然而对于常年生活在这里的人来说则是极恐怖的。若是住在这里，恐怕出山一趟都很难。正是因为有这样恶劣的地势，那些丝织女工才被囚禁在了这里。

但作者并没有把这些说出来，只是如实地把山的险峻描述出来，让读者去联想他没有直接表达出来的内容。接下来，作者把目光转向了丝织女工所织的锦。精美的锦在江风的吹动下飞舞着，像是从天上剪下来的彩霞，锦上的花纹就像满山绽放的红杜鹃。这里既是赞美锦，也是赞美心灵手巧的丝织女工，更是表达了对她们的同情。像杜鹃花一般美丽的锦背后凝结的是女工们的血。

写完杜鹃花，再写杜鹃鸟。杜鹃飞入岩下的花丛中，夜晚传来它们的啼叫声：“不如归去，不如归去！”这分明就是丝织女工们的心声。蜀地的山水荡漾着丝织女工们的情怀，满满的、浓浓的思乡的情怀。这些丝织女工犹如当年的卓文君一样，是被骗来织这些锦缎的，她们把自己的青春和热血都织了进去。

一代女工的魂魄尚未归来，另一代女工已经死去，这些冤魂化为怨鸟不停地啼哭，连芳草也承受不了她们的伤心。丝织女们哭死于树下，皆化为红豆，如今相思树都已长大结子。相思树望着故乡的方向没有停止过哀号，蜀地荒凉，满目疮痍，却终究难以逾越。

这首诗带给人的感觉是震撼的，一开始是蜀山攒黛、白雪覆盖的动人景色，最后却是白骨荒凉的白帝荒城，这就是丝织女工们从幻想到破灭的心路历程。这其实也表达了作者对当朝统治阶级的心情，希望国家能重振雄威，却没想到其反倒越来越衰落。晚唐时期，到处都是农民起义，民不聊生，尸骨荒野，唐朝已接近灭亡，而朝廷依然在压迫人民。温庭筠个人命运的无奈其实也是时代的必然结果。

温庭筠的这首诗写得十分大胆，同情女工、怨恨统治阶级，可以说是冒着一定风险的。但这就是温庭筠的个性，他不会去拍朝廷的马屁，更不会肤浅地只歌颂美景，也不会认为丝织女工的悲惨命运和自己无关而采取无关痛痒的态度，而是感同身受，为女工们鸣不平，痛斥社会对她们的不公。所以，温庭筠是一个有社会责任感的作家，绝不是一些人所说的那种只会靡靡之音的作家。

因此，读温庭筠的诗词，绝不可被表象所迷惑，以为看到一些艳丽的辞藻，表现的就一定是靡靡之音、男女之情，一定要去体会作者背后的感情，设身处地地去想作者之所想。温庭筠不是一个喊口号的作家，他的作品比我们想象的要深刻得多。

由此看来，温庭筠的蜀地之行并不是百无聊赖地游走，而是去观察社会，体验人民疾苦，同时为自己寻找机会。蜀地虽然有美丽的风光，但敏感的温庭筠不会只留恋于这些美景，他没有忘记自己心中想要建功立业、报效国家的宏图大志。只是他没有意识到，总是寄情于山水，心中哪怕有再多的抱负，都只是一种逃避。可以说，这个时候的温庭筠，已经为未来的悲凉作出了注脚。

第九节

他人丘垄似天山——《伤温德彝》

昔年戎虏犯榆关，一败龙城匹马还。

侯印不闻封李广，他人丘垄似天山。

温德彝是谁？唐文宗时的大将，曾任河中都将、天德军使等职。他和蜀将一样，也曾在战场上立下汗马功劳，但同样没有得到任何封赏。这首诗和《赠蜀府将》的写法不同。《赠蜀府将》是直抒胸臆，这首诗却是借古讽今，委婉含蓄地替温德彝抱不平。

汉武帝元光六年（公元前 129 年），西部的少数民族侵犯我边塞重镇，卫青麾下的将士们直捣龙城，大获全胜，斩获敌军七百首级。简单的两句就把我军的豪气和威武描述得淋漓尽致。在这场战役中，李广将军的功劳很大，但听说他最终却没有封侯。而他人却封官加爵，死后的坟墓建造得好像天山一样雄伟。

这首诗又是借古讽今，明明是《伤温德彝》，却一个字也没有提温德彝，听起来却像是“伤李广”。这是因为温德彝的经历和李广相似，同样是立下卓越功勋，却没有任何功名。“丘垄似天山”说的是霍去病，霍去病乃汉武帝时的大将，十八岁就带兵打仗，多次击败匈奴的军队，为汉朝立下汗马功劳，多次受到皇上的封赏。霍去病去世后，汉武帝为了纪念他，命人把他的坟墓建造得像祁连山一样，以显示他的荣耀。这里拿霍去病和李广做对比，李广有功“不闻封”，霍去病却无限荣光。这里也可能指的是那些无才、无德、无功勋的人最终也得到了皇上的赏赐或封侯。温德彝的命运和李广一样，怎能不“伤”呢？

通过《遐水谣》这首诗，我们已经知道，在晚唐时期，战斗在第一线的将士们拿性命换回来的战绩常常被贪官们所无视，这些贪官们把战功据为己有，以此封官加爵。而朝廷昏庸，不加调查，对待功臣们也有失公平，常常厚此薄彼，该封的没封，不该赏的却赏了，这让许多将士心中充满了不满和怨恨，温德彝就是其中一个。这里借汉朝暗指唐朝，拿李广比喻温德彝，指责唐王朝和那些厚颜无耻的贪官们，并对在前线冲锋陷阵的将士们示以同情。

大和四年，即公元830年，温德彝将军任河中都将，平息叛乱。温庭筠此时刚好在蜀地一带游历，他一定是听说了温将军的事迹，才在此时作了这首诗。

在这首诗里，我们看到温庭筠不再像写《遐水谣》时那么含糊其辞、遮遮掩掩，而是直接说出此诗就是为温德彝鸣不平的。或许作者看多了这样的事情，对将士们受到“伤害”的心情体会得更加深刻，所以不吐不快。一个“伤”字写尽了温德彝的悲愤，也写尽了作者对唐王朝的讽刺。

除此之外，这里的“伤”还有更深刻的意思。在晚唐时期，怀才不遇、壮志难酬、不受重用的人岂止守卫边疆的将士，许多人都在此列，温庭筠就是其中之一，所以他对温德彝的遭遇才会如此同情。这里的“伤”不仅是写温德彝的伤，也是写他自己的伤。在温庭筠的作品中，有许多此类型的诗，借写他人来表达自己的心情。一个作家不管写什么题材，必然是因这些题材引起了他的共鸣，作品的内容也常常是其本人的经历或思想的折射，作家便借作品来表达自己。所以，我们能在温庭筠的任何一首诗词中找到他自己的影子。明白了这一点，才能更好地理解他的作品。

温庭筠的蜀地之游不仅有美丽的风光，也有残酷的现实。他渴望在这残酷的现实中找到自己的机会，这样不仅能改变他的命运，也能改变现实，改变现实中的不公，让所有的人都不再被“伤害”。但是机会不会从天上掉下来，他必须主动寻找。俗话说“大树底下好乘凉”，他想寻找一棵大树，借大树的力量施展自己的才能。他已经有了目标。在接下来的行程中，他要去拜谒一个有名望的人，此人就是李德裕。

第十节

并起别离恨——《旅泊新津却寄一二知己》

维舟息行役，霁景近江村。

并起别离恨，似闻歌吹喧。

高林月初上，远水雾犹昏。

王粲平生感，登临几断魂。

新津县属蜀州，在成都西南。这首诗是温庭筠离开成都以后在新津江村停留时所作，“一二知己”应该是他此次在成都结识的友人。

旅行中稍作休息，船只停泊在新津江村附近，此时雨停了，天气放晴。心中许多别离的愁绪突然全部涌上来，心中惆怅烦躁得就像听到喧闹的歌声一样。高高的树木枝头上，月亮刚刚爬上来，远处的水面雾蒙蒙的一片，非常昏暗。当年，王粲到荆州拜谒刘表却未遂，他的心情该是何等惆怅啊。

从这首诗看来，温庭筠的心情似乎不佳。原因何在？与他此次在成都的经历有关。温庭筠在成都逗留了四五个月，这段时间他在做什么，难道只是在游山玩水吗？当然不是。他是有目的的。温庭筠的此次蜀山之行不仅是想游历，同时也是想为自己寻求有所作为的机会。而想有所作为光凭自己是不够的，他需要借助他人的力量，也需要机会。这次来到成都，他就等到了一个机会。

温庭筠想去拜访一个人，这个人叫李德裕。李德裕是何人？唐代文学家、政治家，丞相李吉甫之子。温庭筠在成都之时，李德裕在四川任节度使不久，当时西川幕中能人不少，有段全维、刘三复、韦徇、张周封、李蟾、孙景商等，温庭筠也希望自己能成为这其中的一员，借助李德裕的力量在政坛上有所作为。为了等待拜谒李德裕的机会，温庭筠在成都从冬天等到春天，终于见到了他本人。见面之后，两人聊国家、聊政治，倒是非常投机，但因种种原因，这次拜谒没有什么结果，温庭筠并没有从李德裕那里获得什么实质性的帮助，也没有成为西川幕中的一员。温庭筠心中当然非常失望，但他并没有怨恨李德裕，倒是从此和他结下了良好的情谊，并一如既往地支持他的政见。

既然此次拜谒没有结果，温庭筠不得不就此离开成都，坐船南下，在新津村停留时他写下了这首《旅泊新津却寄一二知己》，而这一二知己可能指的就是他在西川幕中结识的友人。这首诗透露出温庭筠渴望得到发展机会却不得的失望心情，他在结尾写道：“王粲平生感，登临几断魂。”当年王粲到荆州拜谒刘表未遂，心情惆怅，而今天自己拜谒李德裕也未遂，心情也和当年的王粲一样失落。

此次蜀地之游，温庭筠没能达到自己的目的，只得郁郁地离开成都，他本来还有渡泸水而南行的打算，但却因心情失落，向南驶出了很短的行程，刚刚到达距离成都不过六百里的戎州就作罢了。而新津正是这短距离南行中的一个码头。他离开蜀地，并未沿来时的路线，而是沿长江从戎州往东出巫峡。温庭筠曾在大约二十年后写诗一首纪念巫峡行："一别黔巫似断弦，故交东去更凄然。心游目送三千里，雨散云飞二十年。"（《送崔郎中赴幕》）至此，温庭筠的蜀地之游结束。

出塞和入蜀是温庭筠游历生涯的开始，这段经历使他领略到了祖国的风土人情和山水风光，也亲身体验了边疆将士、丝织女工以及老百姓的生活疾苦。温庭筠对这一切倾注了浓浓的感情，他觉得自己不是过客，由此对国家、对民族树立了一种深深的责任感。

第十一节

今日逢君倍惆怅——《赠蜀府将》

十年分散剑关秋，万事皆随锦水流。

志气已曾明汉节，功名犹自滞吴钩。

雕边认箭寒云重，马上听笳塞草愁。

今日逢君倍惆怅，灌婴韩信尽封侯。

温庭筠行至蜀地剑门时，认识了一个朋友，这位朋友是位蜀将。在晚唐时期，有功劳但得不到奖赏的人有很多，大量的普通士兵自不必说，许多奋战在前线的将士也得不到奖赏。温德彝是其中的一个，温庭筠曾因此写下《伤温德彝》一诗。这位蜀将也是其中一个，温庭筠在入蜀时遇到他，和他成为朋友，那时他已经是战功卓著。十年后温庭筠再次和他在边疆相遇，发现他依然是十年前的职位，曾经立下赫赫战功的他竟然没有得到升迁？这让温庭筠愤愤不平。于是，他写下这首《赠蜀府将》来表达自己的心情。

“当年，我们在剑门关分别，如今已经十年了，好多事情都已经逝去，就如蜀地的锦江水东流而去一样。你效忠国家的功绩和气节每个人都看得到，但为何到现在还没得到封赏？天边乌云重重，你却能一箭射下大雕，箭术还是那么好，你的本领人人称赞，但为何得不到重用呢？我们跨在马上，听到远方传来悠悠笳声，连边塞的草都染上了哀愁。今天又见到你，感觉更加惆怅，当年的灌婴和韩信出身贫寒，但后来立下功劳，都封官加爵，为何你就得不到封赏呢？”

温庭筠为何对蜀将得不到封赏之事如此义愤填膺呢？因为蜀将曾经为国家立下汗马功劳。大和三年（公元 829 年）十一月，大理国大举入侵成都，烧杀掳掠，无数珍贵物品被他们抢去，成都的子民恐惧不安，好多人跳江自尽，成百上千的尸体堵塞了长江。蜀将奋勇杀敌，抗敌护国，一次次击败大理国的入侵，为国家的边疆安全立下卓著功劳。对于这样的大功，理应论功行赏，但偏偏没有。其他将领都得到了升迁，唯独蜀将没有。十几年过去了，蜀将仍然没有得到任何封赏，这怎能不让温庭筠感到气愤。

在诗中，边塞的云彩和小草都为蜀将的遭遇感到不平，因为蜀将不但没有得到升迁，现在还经常被冷落，所以连悠悠笳声都在为蜀将鸣不平。

温庭筠这次入蜀，看到了国家异常黑暗的一面，国家的腐败已经不仅体现在朝廷、长安、后方的官员身上，而是蔓延到了边疆，前线打仗的官员都在贪污腐败。军队都腐败了，这是多么可怕的一件事！他们贪污的不是金银财宝，而是将士们的功勋，这功勋里不仅包含着物质财富，还包含着将士们的荣誉。他们为国家奉献的精神得不到认同，他们为国家奉献的热情就会被浇灭，那么还有谁愿意为国家出生入死？国家的安全谁来保护？这是温庭筠感到最担忧的事情。

边塞的游历生涯使温庭筠更多地接触到了底层人民的生活和疾苦，这些都影响着他对社会的看法。在文学领域里，长期以来存在着“诗言志”的传统，温庭筠每个阶段的每一首诗都代表着他当时的想法。他从小接受的是正统文化的教育和熏陶，士大夫的理念在他的思想中根深蒂固，也就是人文的教养主义和经世济国思想相结合，这是中国理想人物的特色。所以温庭筠认为，文人参加考试取得名次然后走向仕途，武将上前线打仗保家卫国取得功名，这是非常传统而又可靠的道路。但是看到这么多有战绩却无功名的边疆将士之后，温庭筠有些迷惘了，他坚持要走的传统道路究竟有没有希望呢？所以，《赠蜀府将》不仅是在为蜀将的不公待遇鸣不平，也是在发出作者内心的疑问。

但有一点可以肯定的是，从出塞和入蜀开始，温庭筠的作品不再只是以精英生活为描写对象，而是把更多的镜头对准了普通的劳苦大众，这并不因他主观上想要改变，而是因社会在变，人心在变，他的诗词创造也在不知不觉中改变，这种改变适应了时代和人心的需求。

在蜀将身上，温庭筠看到的是国家堪忧的现状。对国家伤害最大的不是外敌的入侵，而是自身的腐败变质，是人民对国家的不满，是将士们对国家的失望。如果国家内部已经病入膏肓，自然会不堪一击。这一切让温庭筠感到沉重，同时也让他认识到身上的责任，他想为国家做些什么。但是，无功无名，也没有任何人的帮助，他能为国家所做的实在是少之又少。所以，他必须为自己寻找机会！

就此，温庭筠拉开了自己人生的新篇章……

第三章

结识李相，依附太子

温庭筠在边塞和蜀地看到了国家的真实现状，也看到了底层将士和老百姓的艰辛，深觉国家的安危自己责无旁贷，人民的疾苦不能坐视不管。但是，他如何才能为国家、为人民做一些事情呢？那就必须走上仕途，走上政坛。所以，他来到了长安。在长安，他结识丞相李德裕，做太子李永的辅导老师，认识各种各样的朋友，皆是在为走上政坛寻找机会。但是，随着丞相被贬、太子被害，他的期望落了空。失去朋友的日子里他格外痛苦，只有用一首首诗篇告慰朋友的英灵，抚慰自己受伤的心。

第一节

马声特特荆门道——《常林欢歌》

宜城酒熟花覆桥，沙晴绿鸭鸣咬咬。
秾桑绕舍麦如尾，幽轧鸣机双燕巢。
马声特特荆门道，蛮水扬光色如草。
锦荐金炉梦正长，东家呃喔鸡鸣早。

温庭筠离开蜀地之后，来到了京城长安，希望在此寻找发展的机会。经过几番努力，他终于有机会在太子李永府上做门客。温庭筠一直未能走上仕途，今日终于有机会在太子门下做文字工作，也算是相当满足。他和太子李永相处得颇为融洽，也盼望着这是他经世济国理想开始的第一步。但素来太子之位不好坐，李永的政敌们天天谋算着他的太子之位。即便太子已经非常小心谨慎，却还是被他们抓到了把柄，投入了狱中。他们不但要害死李永，还要将太子一派一网打尽。作为太子的辅导老师及其府上的门客，温庭筠被卷入了这场政治斗争。

为将太子置于死地，政敌们让温庭筠揭发太子的过失，可他怎么可能揭发太子？但是在朝廷的逼迫下，他又不能不从。于是，温庭筠无奈以此诗作答。

“宜城真的是一个经济富饶、繁花似锦的地方。城市周围到处是晴沙、碧水，绿头鸭在水中嬉戏，欢快地叫着。生活在这样的环境中，真是舒服自在又安定啊。繁茂的桑树叶围绕着农舍，麦穗犹如狗尾巴一样大，远远望去，麦浪滚滚，竹篱茅舍，到处生气勃勃，一片丰收的景象。农家院里，传来纺车幽幽的嗡嗡声和织布梭子的刮刮声，真是一幅“你耕田来我织布”的美好景象啊。国家多年没有战火，人民安居乐业，城市和乡村都是一片繁荣的景象。荆门大道上，不断响起“特特”的马蹄声。宜城的水自豪地散发着光芒，碧水辽阔，就犹如美丽的大草原。旅馆里的衾被都是锦制的，房中的香炉都是金属做的，香炉里燃着薰香，在这样的房间里睡觉，梦似乎也比平日做得更长。这样的好地方，真是让人恋恋不舍，可惜鸡早早地鸣叫了，我不得不赶路了。”

在这首诗里，作者写尽了宜城的繁华。“酒熟”并非指真的有酒，因为人民富有才有粮食可以酿酒。“花覆桥”是写宜城这个地方花团锦簇，环境优美，花都把桥覆盖了。“麦如尾”指麦子颗粒饱满，像狗尾巴一样大，可见庄稼收成很好。“双燕巢”指家中夫妇二人都在，说明没有战争，男人不用去打仗。荆门道上，作者没有写小商小贩手推车，而写马声不绝于耳，说明这里繁华，因为有钱人才买得起马。路上车水马龙，水面辽阔如碧，看来陆上和水上的交通也很发达。就连旅馆里都是“锦荐金炉”，可见这个城市的繁华程度。

这完全是一座环境优美、人民生活优裕的城市，而这里就是太子李永的封地。朝廷逼温庭筠检举揭发太子，温庭筠却写了这样一首诗给他们。太子的政敌们看到这首诗一定会勃然大怒，这哪里是检举揭发，完全是歌功颂德。这座城市在太子的治理下如此安定富饶，可见太子的才能非同一般。这样的太子只会有功，怎么可能有罪呢？

所以这首诗表面上是赞宜城（太子的封地），实际上是夸赞太子。“在他人治理下的其他城市能有宜城这样繁华吗？这样的太子你们为什么还要去费尽心思找他的罪责，从而迫害他呢？”这就是温庭筠写这首诗的潜台词，实际上是对那些迫害太子之人进行指责和质问。

在当时的情况下，太子遭人陷害，温庭筠自身难保，如果他能顺势而为，说几条太子的罪状，也许他的命运就会改写。但温庭筠偏偏是个硬骨头，不仅没有对太子落井下石，和那些迫害太子的人同流合污，反倒宁愿逆流而上替太子说话，足见他身上的凛然正气，也足以说明他对太子的一腔真情。尤其是这首诗的最后一句“东家呃喔鸡鸣早”，更是别有深意。这不仅是说作者留恋宜城这个地方，鸡已经啼叫了，自己仍然不舍得离开，而是说即便依依不舍也必须要离开，这是被逼无奈，说明温庭筠的心中已经明白自己接下来要面对的形式会很严峻，将要走的路会很艰难，不管愿不愿意都必须去面对。他也明白写了这首诗就会得罪一些人，但他绝不会因此而向他人低头。

事实也正如温庭筠料想的那样，他的确因为太子和李德裕的事情受到某些人的非难，以至于多次参加科举考试均榜上无名，一生几乎没有任何功名，四处颠簸，困苦不堪。但他的一生并没有因此而碌碌无为，他的诗词就是他人生历程最好的注解，他的人格永远闪耀着光辉。

第二节

夜向兰堂思楚舞——《舞衣曲》

藕肠纤缕抽轻春，烟机漠漠娇娥颦。
金梭淅沥透空薄，剪落交刀吹断云。
张家公子夜闻雨，夜向兰堂思楚舞。
蝉衫麟带压愁香，偷得莺簧锁金缕。
管含兰气娇语悲，胡槽雪腕鸳鸯丝。
芙蓉力弱应难定，杨柳风多不自持。
回颦笑语西窗客，星斗寥寥波脉脉。
不逐秦王卷象床，满楼明月梨花白。

温庭筠陪游太子，成为太子的辅导官员，这几乎是他一生中最为辉煌的时候。但太子李永最终因宫廷内部斗争而死，国家失去了一个好太子，而他想通过辅佐太子有所作为的理想也破灭了。在之后的很长一段时间，温庭筠都无法忘怀太子，这首《舞衣曲》就通过回忆舞衣和舞者寄托了对太子李永的悼念之情。

这首诗共分四绝。第一绝写舞衣制作过程，第二绝写舞者的装束，第三绝写舞蹈的姿态，第四绝写做客的自己。

我们先来看第一绝。第一绝似乎很平淡，描述了舞衣的裁剪和制作过程："藕肠纤缕抽轻春"是说如何抽丝，"烟机漠漠娇蛾颦"是说如何上织布机，"金梭淅沥透空薄"是说如何织成布匹，"剪落交刀吹断云"是说如何剪裁成舞衣。这只是几个很平常的动作，只是一般的常识，作者却把它描述得非常生动形象：舞衣的丝线是从藕的断肠里抽出的愁丝吧，默默地推动着织布机，眉头也皱了起来，难道是怕惊扰了思绪？这淅淅沥沥、时断时续的梭声听起来是那么地清晰，使我们好像看到了剪刀裁剪舞衣、制作舞衣的美妙过程。这样的描写让读者读起来非但不觉得枯燥，反倒心中会有所联想和期待：舞衣制作得如此精美，穿上它跳舞会是什么样子呢？

第二绝就顺着读者的期待和联想写下去。"张家公子夜闻雨"，安静的深夜里，张公子似乎听到窗外响起了沙沙的雨声。这雨声好像是抽丝的声音，一声一声在深夜里显得如此哀怨。这里的张公子指的是温庭筠自己。"夜向兰堂思楚舞"，张公子看到这舞衣，不禁想起以前和太子一起欢宴的日子。这一句就把读者带到了作者的回忆里。过去，张公子和太子一边欣赏歌舞，一边谈天论地。现在，他的衣服上还有太子府中御炉里散发出来的香气，这么久都未曾淡去，是因为愁绪太重而压住了它吗？这两句是形容曾经的衣服贵重，生活尊贵，说明作者心中还是以和太子在一起的那段日子为荣的。

第三绝：吹奏管弦的女子吐气如兰，弹琴者露出雪白的手腕，但弹奏的乐曲听起来却那么悲伤。舞女们的舞姿就像被风吹乱的荷花一样摇摆不定，又像风中的杨柳一样无法自持。弹奏乐曲、跳舞的女子都很美，但作者为什么感到悲凉呢？这是作者回忆起往昔欢乐的情景，心中无限酸楚所致。

第四绝：“现在仿佛又看到了你频频回首、笑语盈盈的样子，有时夜已深了，星星都已经睡着了，人寥寥无几，你还是那样含情脉脉地看着我。如今，这一切都成了回忆。你已经走了，我只有整日枯坐在家中，你经常坐的象牙床我再也不可能靠近了。想到这里，我心中满是哀伤和愤怒，我走到窗前，用力推开窗子，雨不知什么时候停了，只有一轮明月照着满院的梨花。月光如水，梨花如雪，整个世界一片洁白。”

这首《舞衣曲》有虚有实，前面三绝皆为虚，是作者的“听”和“想”，也可以说是作者的想象，而最后一绝才是真实的，描述了自己在太子家里做客，和太子一起欣赏歌舞、谈天说地的快乐日子。从舞衣的制作写到舞者的姿态，最后写到做客的自己，表达了作者对太子刻骨铭心的想念。

温庭筠和太子李永的感情极其深厚。有所作为的人被害死，这让温庭筠感到无比心痛。然而，他的力量太弱小，连自保都难以做到，哪里还有能力为太子伸冤。但是温庭筠又不愿意默默无闻，总得说点什么告慰太子的英灵。于是，他写下了许多悼念太子的诗作，如《庄恪太子挽词二首》、《太子西池二首》、《四皓》、《太子西池二首》等，还有一些诗词虽然从题目上看不出来是悼念太子的，但其内容都寄托了同样的哀思。

在这首诗里，温庭筠把太子比为“秦王”李世民那样的人物，可见太子有着卓越的才能和远大的政治抱负。或许温庭筠在太子身上看到了国家的未来，所以太子之死才让他如此痛心。而让他更加痛心的是小人当道，正人君子无法生存。

这首《舞衣曲》不单单是咏物，也不仅仅是悼念太子，更表达了温庭筠坚定的政治立场。虽然他受太子事件的牵连险些丢了性命，但他并没有因此而妥协。他忠贞不屈的性格令人敬佩，但这也是他一生坎坷的原因。试想，如果温庭筠换一种心态去生活会如何？可惜，人生无法假设。

第三节

天上梦归花绕丛——《生禖屏风歌》

玉墀暗接昆仑井，井上无人金索冷。
画壁阴森九子堂，阶前细月铺花影。
绣屏银鸭香蓊蒙，天上梦归花绕丛。
宜男漫作后庭草，不似樱桃千子红。

这首《生禖屏风歌》也是温庭筠吊唁太子李永的作品。

“白玉的阶梯已经好长时间没有人行走了，也没有人来打扫，以至于落满了灰尘。原来光洁的表面现在变得黯然无光，就像我现在黯然神伤的心情一样。以前我经常去东宫见太子，昔日的繁华还历历在目，而现在已物是人非。已经很久没有人来水井打水了，井上辘轳的铁索也因为好久没人触摸而变得异常寒冷，但再冷也冷不过我的心情。

太子不在了，也没有人点燃蜡烛，帷幕上落满了灰尘，一切看上去是那么萧条，太子宫殿的画壁也给人一种阴森恐怖的感觉。但最让人恐怖的不是这画壁，而是宫廷内的互相残杀和政坛上的互相斗争。从太子堂走出来，月亮已经爬上西墙，台阶前的花影萦萦绕绕，就好像月亮碎了一地。太子生在这样一个锦衣玉食的温柔乡中，是天赐的人物，然而这样尊贵的人却被后宫的贱草践踏了。难道皇太子的性命还不如其他人吗？太子死了，文宗毕竟不是樱桃树，没有那么多儿子，只好让自己的弟弟继承皇位。”

温庭筠的诗皆是情景交融，情大于景，这首更甚，每一句都如诉如泣。诗中有些字我们必须特别留意、细细品味，例如“玉墀暗接昆仑井”的“暗”字，说明作者心情灰暗，不单单是台阶灰暗。“井上无人金索冷”的“冷”字是说人言可畏、人情冷暖、世间险恶让作者感到心冷，而不只是说辘轳上的铁索冷。“阶前细月铺花影”的“细”其实指的是“碎月”，因为作者心碎，所以看到月亮的影子也碎了一地。影随心生，国家孱弱，朋友离去，个人身世飘零，这一切都让他感到凄凉。

读完这首诗，我们犹如置身于太子的宫殿中，看到了作者描述的这一切，也感受着作者的血和泪，的确，没有真挚的、强烈的情感，怎会写出这饱含血泪的文字。

太子的死让温庭筠感到巨大的悲痛和压力，因为和太子走得近，那些太子的敌人时时刻刻都在寻找机会置他于死地。温庭筠在乎自己的前程，但他更在乎朋友之间的情义，所以他不会出卖太子。他也恐惧敌人的迫害，但他不会因此而转变自己的政治立场。但在这个时候，他的内心是很灰暗的，因为卷入了政治斗争，他的政治前途也是一片灰暗。他心中像太子李永宫中的玉阶一样落满了灰尘，像太子殿中一样长满了杂草，其命运和尊严都在被人践踏着。这首诗，满目苍凉，无限感慨，不用作者呐喊，我们也可以听到他的心声。

这首诗不仅仅是在描写太子宫，更是在暗示国家：太子宫都如此荒凉，国家又该如何啊！每个人都在为自己的利益而斗争，有谁担忧过国家的命运？在个人命运堪忧的同时，温庭筠最惦记仍然是国家的命运。故人已逝，伤感无益，未来的国家又有谁来拯救呢？所幸的是，没过几年，武宗即位，李德裕为相，国家又有了希望，而温庭筠也因李德裕的执政而保全了自己的性命。

第四节

故山多在画屏中——《赠郑征君》

一抛兰棹逐燕鸿，曾向江湖识谢公。

每到朱门还怅望，故山多在画屏中。

这首诗的原题是《赠郑征君家匡山首春与丞相赞皇公游止》，是一首赠别诗。郑征君是温庭筠的一个朋友，古代称受朝廷征召而未赴的士人为征君。家匡山指的是郑征君隐居的地方，为现今庐山北面的山脉。首春指的是初春。丞相赞皇公就是指当时的丞相李德裕。这首诗是温庭筠和丞相李德裕在郑征君家中做客时所作。

温庭筠在成都结识了李丞相，此后便和他成了朋友。唐文宗去世以后，武宗继位，李德裕得到重用，被封为丞相。李德裕辅佐唐武宗制定了许多复兴国家的政策，国家一时间出现了兴旺的迹象。温庭筠非常支持李德裕的政见。当时，支持李德裕的人形成了“李党”，而支持牛僧孺、李宗闵的人形成了“牛党”，一时间两党相争，温庭筠也陷入其中。

让我们再回到这首诗：郑征君厌倦了漂泊清苦的隐居生活，想要去追逐功名利禄。“抛”与“逐”字相互对立，代表着两种生活态度。“昔日漂泊江湖、谢绝仕途、寄情山水、皈依佛道的谢灵运是我们的精神偶像。然而今天，郑征君的心灵被名利羁绊，变得浮躁起来。既然这样，进入官场后应该春风得意才对，为何每次走到朱门前却犹豫惆怅、惴惴不安呢？唉，人在官场身不由己，钩心斗角，尔虞我诈，天天战战兢兢、小心翼翼，还不如我行走江湖时自由自在。”

这首小诗很简单、含蓄而又有意境。特别是“每到朱门还怅望”的“望”字用得颇有深意。他在望些什么呢？是高官俸禄吗？不，他“望”的是画屏中的“故山”，是原来的归隐生活。人的心灵是多么矛盾啊。归隐山林时觉得生活寂寞清冷，渴望繁华的名利场，出来为官后又觉得不自在，怀念以前无拘无束的隐居生活。这首小诗把郑征君内心的矛盾形象地展现在我们面前。这种矛盾心理其实很多人都有，一方面渴望入世，获得世俗的名利，光宗耀祖也好，报效祖国也好；另一方面又渴望出世，不受世俗枷锁的捆绑，过简单平静甚至超脱的生活。位居庙堂之高和心游江湖之远成了一对矛盾，现实与理想总是发生严重的错位，这历来就是个悖论。温庭筠心中又何尝没有这样的矛盾呢？

所以，在诗的结尾，温庭筠对朋友做了这样的劝慰：“故山多在画屏中。”“‘故山’是我们灵魂的一方净土，但是现在只能在画屏中寻找，这种无奈是我们自己的选择。这世间确实有隐居山野甘守寂寞一直到老之人，可惜你郑征君不是这样的人。”这一句既是作者对朋友不能恒守本心、安贫乐道的讽刺，又是对他的一种劝慰。

温庭筠的小诗写得淡远、雅正，本诗也有这个特点。通过过去和现在的对比，揭示出主人进退皆矛盾的心态，语言朴实但又不失韵味。这首小诗也纠正了我们的一个观念，也说明温庭筠的作品并非只能辞藻华美瑰丽，也可以清淡质朴。而不管是什么样的语言风格，温庭筠皆能写得耐人品味。

这首诗不仅是在规劝郑征君，也是写给作者自己的。从这首诗原来的题目可以得知，此诗是温庭筠和李德裕一起在郑征君家做客时所作，而温庭筠结交李德裕，正是希望李丞相能在政坛上帮助自己，给自己谋个一官半职，在这点上他和郑征君又有什么不同呢？温庭筠在家乡吴中的生活平淡而又宁静，此前的出塞和入蜀虽然生活清苦，但也逍遥自在。但他仍然渴望着能通过各种方式取得世俗的功名，在这方面，他并不比郑征君清高多少。在温庭筠的心中，何尝没有归隐和入仕之间的矛盾呢？所以，这首诗既是写给朋友的，也是写给他自己的；既是委婉地讽刺朋友，也是无情地嘲笑自己。其实，温庭筠的很多作品都有这样的特点，与其说是写他人，不如说是写自己；看似写此，其实写的是彼；看似说的是古代，其实讽刺的是现实。所以，读温庭筠的作品，需抽丝剥茧，由表及里，才能真正走进他所要表达的世界。

第五节

曾为无双今两身——《照影曲》

景阳妆罢琼窗暖，欲照澄明香步懒。

桥上衣多抱彩云，金鳞不动春塘满。

黄印额山轻为尘，翠鲜红稚俱含颦。

桃花百媚如欲语，曾为无双今两身。

诗的一开头就告诉我们故事发生在皇宫内：景阳钟声刚刚响起的时候，她已经梳洗完毕。她起得太早了，当其他嫔妃还在忙着梳妆时，她只能百无聊赖地倚靠在窗子上懒懒地坐着，一直坐到太阳渐渐从东方升起，身上渐渐感到暖意。她已经梳洗打扮得很漂亮，身上也香香的，很想到水池边去照一照自己动人的模样，但只是想想，因为脚步懒得动弹。坐了很久，她终于站起来走到了桥上。低头一看，自己身上漂亮的衣服倒映在澄净的池水中，就好像天边堆满的彩霞一样好看。满满的春水，却不见鱼儿游动，池面平静明亮得如同镜子一般。

额头上敷着轻盈的黄粉，当水波轻轻荡漾起来的时候，水中自己的脸似乎也皱了起来。这张脸生得也算是如桃花般千娇百媚，连她自己也认为是这世上最漂亮且独一无二的。这样的长相，现在本应有人与自己相依相伴，水中的倒影也应是一双的，但此时此刻，却只有桥上的人儿和水中影子两个自己而已。

这首诗紧扣“照影”两字，从最开始的百无聊赖不愿意去照影，到最后虽照影却更觉寂寞，整首诗都在告诉我们主人公的无聊、孤单和寂寞。用太阳的暖来衬托自己心中的凄冷，用池水的静来表达自己内心的寂寞，最后用倒影的孤单来表达身在皇宫内心却无限孤独寂寞的凄楚心情。作者并未用孤单、寂寞之类的词语，但却把这种感觉表达得淋漓尽致。

这首诗属于宫怨诗，在皇宫内，皇上有三宫六院七十二妃，有多少妃子过着这样孤单寂寞的日子。“侯门一入深似海”，那么宫门更是再也跳不出的深海。有些嫔妃进入皇宫之后，几年都没有见到皇上的机会，虽然她们衣着华丽，生活奢侈，内心却凄凉无比，她们像极了金丝笼中的金丝雀。这和温庭筠写的很多诗歌多么相似，虽然辞藻华丽，反映的却是冷酷残忍的社会现实。温庭筠写这位照影的妃子衣服艳丽，不是为了夸耀她，而是为了反衬她的内心远不如外表所呈现的那么幸福和快乐。

温庭筠是什么时候写的这首诗呢？正是李德裕刚刚被贬的时

候。在成都时，温庭筠曾经去拜谒李德裕，两人结下了很好的情谊。温庭筠一直对李德裕抱有崇敬之情，因为他和其他贪官污吏不同，他对皇上、对国家、对人民都有深深的责任感。唐穆宗时，李德裕与牛僧孺、李宗闵政见不合，最终发展成为党争。温庭筠因支持李德裕而被卷入政党之争，被牛党们视为敌人。后来，他也因此付出了沉重的代价。

唐武宗坐上皇位后，李德裕受到皇上的重用，被封为丞相，封卫国公。李德裕辅佐唐武宗对内压制宦官专权，对外打败回纥入侵，又平定泽潞节度使刘稹的叛乱。在唐武宗执政的六年当中，唐朝慢慢兴旺起来，大好之势令人欣喜。可惜好景不长，唐武宗被宦官迫害而死，宦官们辅佐懦弱无能的宣宗即位，牛僧孺一党又控制了朝政大权，把先前武宗在世时立下的政治措施一一作废，李德裕也被贬为潮州司马，后来又被贬为崖州司户参军，最终郁郁而终。唐武宗和李德裕的去世，让刚刚走上复兴的唐王朝又衰败下去。

而二人的去世也令温庭筠备受打击，他刚刚看到国家有了一点希望，这希望就立刻被人摁了下去，他心中怎能不悲愤呢？对那些害死皇上、迫害忠良、荼毒国家的丑恶之徒，温庭筠有着深深的愤慨之情。为纪念这段历史及怀念李德裕，温庭筠写了很多诗篇。但他一贯声东击西，看似写此实际指彼，这首《照影曲》也是，看似写一个普通妃子早上起床后到池边照影的所见所感，实际上是通过抒写女主人公的不公平遭遇，来含蓄地表达对李德裕等贤者的追思和对黑暗社会那些丑恶嘴脸的愤懑。

第六节

千里春风正无力——《郭处士击瓯歌》

信傈金虬石潭古，勺陂潋滟幽修语。
湘君宝马上神云，碎佩丛铃满烟雨。
吾闻三十六宫花离离，软风吹春星斗稀。
玉晨冷磬破昏梦，天露未干香着衣。
云钗委坠垂云发，小响丁当逐回雪。
晴碧烟滋重叠山，罗屏半掩桃花月。
太平天子驻云车，龙炉勃郁双蟠拿。
宫中近臣抱扇立，侍女低鬟落翠花。
乱珠触续正跳荡，倾头不觉金乌斜。
我亦为君长叹息，缄情远寄愁无色。
莫沾香梦绿杨丝，千里春风正无力。

从这首诗的名字来看，此诗的题材和音乐有关。唐朝时期音乐发展迅猛，温庭筠对于音乐也颇有研究，他可以依律填词谱曲，也能够演奏乐器，并且水平还很高。艺术都是相通的，音律之美给了温庭筠很多灵感，使他写起词来更加有感觉，而写音乐方面的诗词更是他的长项。这首《郭处士击瓯歌》就足以与白居易的《琵琶行》、韩愈的《听颖师弹琴》相媲美。

郭处士即郭道源，是唐武宗时期的一名乐手，以擅长击瓯而闻名。瓯，深碗为瓯，茶杯也可以是瓯。击瓯是民间的一种音乐形式，一直流传至今。

温庭筠一开始就为我们描述了瓯声的波澜壮阔：金色的无角龙在石潭里翻腾怒吼，潭水发出了噌吰的声音，瓯声是如此地激烈和波澜壮阔。突然，瓯声安静下来，幽静的竹林里，微风拂过竹梢，竹叶轻轻摆动，发出沙沙的声音，就好像有几个小女子在说悄悄话一样。首句由动到静，很有画面感。乐声刚刚沉寂，突然又震耳欲聋起来，就好像湘君骑着宝马自天外远远而来。湘君身上的佩玉和马脖子上的铃铛发出叮叮当当的声音，一会儿轻一会儿重，一会儿快一会儿慢，听起来是如此动人又和谐。或许这瓯声是盛水的杯子发出的声音，所以听来似乎有水的滋润，像是从烟雨中来一样。

温庭筠有着音乐家的耳朵和艺术家的手，他的听觉是如此敏锐，表达又是如此细腻，他把声音转换成了画面，却依然能表达出音乐的质感。音乐刚开始是宏大的，然后是宁静的，最后是悠扬的，一首完美的乐曲在他的笔下是如此动人。

接下来，作者描述了郭处士在皇宫生活的景象：皇宫的宫殿如此之多，错落有致地隐藏在繁茂的花树丛中，暖暖的春风软软地吹着，天上的星星却只有几颗。郭道源惊醒了人们的美梦，受到皇帝的责难，不得不在这夜里徘徊了一夜，露水打湿了衣衫，天亮了还没有干。看来，这辈子只有与青灯冷磬相伴了。

在瓯声的伴奏下，舞女像飞舞的雪花一样急速地旋转着，头上的云鬓都松动了，兰钗也掉了下来，落在地上叮当作响。乐声渐渐低下来，舞女也放慢了脚步，只见她脸色绯红，喘息未定，在罗屏半掩之下，她的脸就如桃花染就的一轮明月，白里透红。她那细细的眉毛，就像晴朗的天气里被烟雾笼罩的远山，格外美丽。

这一幕太动人了！就连阅尽天下女子的太平天子都停了下来，久久地注视着她。香炉中的御烟好像也忘记了燃烧，竟然像双龙一样纠缠在了一起。太监们一个个抱着手中的羽扇发呆，侍女们连发饰松了都不知道，大家都被这美妙的瓯声和曼妙的舞姿吸引了，都如醉如痴地沉浸其中。瓯声像玉珠在跳荡，郭道源一直低着头入神地敲打着，不知不觉竟然到了日暮十分，然而人们似乎仍意犹未尽。

诗的最后，作者感慨道："郭道源是这么有才华的一个人，可是最终竟然得不到皇上的重用，这不能不让我为之叹息。郭处士你也不要再对朝廷抱有幻想，皇上昏庸无能、有心无力，你是不可能再像武宗在世时那样为皇上效力了。"杨华是这首情歌里的主人公，作者直抒情怀，劝慰郭道源不要再对朝廷抱有幻想。当然这种直抒情怀的写法，外人是很难直接看懂的，因为他用了很多艺术上的描写做铺垫，但精通音律的郭道源，却可以完全理解其中的含义。这里也说明温庭筠对朝廷已经非常失望，也有很多的不满。

武宗不幸被太监所害，懦弱而又好色的李忱被辅佐为皇帝，一向交好的太子李永被害，还有郭道源被贬，这一件件事都是温庭筠心头的伤疤。武宗在世时，郭道源曾是宫内的乐师，武宗死后他也被贬而流落民间。温庭筠用了大量篇幅来描写郭道源在宫内的生活，并非是为了炫耀他昔日的荣光，而是怀念武宗和李德裕在世时国家的辉煌。这首诗的背后，寄托的是温庭筠对武宗和李德裕的哀思，也有对现实的批判。

温庭筠的每首诗都有言外之意，虽然写的是别人，但表达的却是自己的想法。他的诗虽然画面感都非常强，但那都是景与情的结合。

这时的温庭筠已三十多岁，正当壮年，却一样在现实中沉浮着。他和李德裕、李永交好，没被连累已是万幸，他的每一步也是如履薄冰，连写诗词都要小心翼翼。这首诗想要表达的绝不是宫内的靡靡之音，而是他对理想的追求，对友人和自己遭遇的深情咏叹，同时也是对现实清醒的判断。它就是一首现实的悲歌，凭吊过去，洞察现在。温庭筠知道自己很难再为世所用，却不肯轻易低头，他就这样在冰冷的现实中挣扎着。

第七节

星斗迢迢共千里——《织锦词》

丁东细漏侵琼瑟，影转高梧月初出。
簇簌金梭万缕红，鸳鸯艳锦初成匹。
锦中百结皆同心，蕊乱云盘相间深。
此意欲传传不得，玫瑰作柱朱弦琴。
为君裁破合欢被，星斗迢迢共千里。
象尺熏炉未觉秋，碧池已有新莲子。

同样是写织锦，这首《织锦词》却和之前那首《锦城曲》有很大的不同。《锦城曲》是为织锦工人鸣不平，而这首《织锦词》却是在哀叹一个为丈夫织锦的少妇的命运。与《锦城曲》一样，这首诗也是先写织锦的环境：夜已深了，到处都静悄悄的，就连滴漏的声音都能清楚地听见。这细细的漏声听起来像是谁在打鼓，鼓声显得有些悲凉。作者描写环境，却没有从视觉入手，而是从听觉下笔，说明作者观察入微，也表现出主人公无心月色、专注织锦的神态。只不过是普通的滴漏声，主人公听起来为什么会觉得悲凉呢？因为主人公虽然在织锦，内心却牵挂着离别的人，心中有愁绪，故而觉得滴漏声也变成了悲凉的鼓声。诗的第一句不仅把我们带入了织锦的环境，也把我们带进了织锦女的内心世界。

“影转高梧月初出”，这是一个倒装句。高高的梧桐树上，月亮从初上已经转到西斜，织锦女已经劳作了很长时间。这些天来，织布的声音不绝于耳，梭子穿来穿去，织不尽的千丝万缕。不知熬过了多少个日日夜夜，一条颜色鲜艳的鸳鸯锦才终于完成。她把锦拿在手中抚摸着，锦上数不清的花纹就像一个个同心结，而那一对对鸳鸯刚好绕在这许多的同心结之中。

“这鸳鸯锦里织进了自己的相思，织进了自己的心事，他能够看得懂吗？毕竟鸳鸯再多情，也表达不出自己复杂的思绪啊。”织锦女的内心感到不安，于是走到琴前，希望琴声能够放飞自己的思绪。她要把这鸳鸯锦缝成合欢被，然后再裁开，一半寄给他，一半留给自己，这样他就可以和自己千里与共了。每天晚上，他们俩都盖着被子仰望天上的星辰，就如同在一起一样。虽然这时候已是秋天，但因为有了这半个合欢被，自己一点都不觉得寒冷。但让她没想到的是，她日日夜夜思念的人，却已经有了新的怜爱之人。

这首诗的结局令我们大失所望。全诗十二句，作者用了十一句来描述织锦女的相思之情，可这其实只是铺垫，要把织锦女对丈夫的感情累积到最高的程度，最后再让她从高处跌下，跌入痛苦的深渊。这太令人绝望了。忠于丈夫却被抛弃，只有温庭筠这样细腻的诗人才能把感情写成绝唱。特别是在诗的结尾，他只陈述织锦女的丈夫另有新欢的事实，却没有写织锦女任何心痛和谩骂之词，这种不着一词或不屑一顾的淡漠，比激烈的言辞更加有力。这正是温庭筠的高明之处。

从整首诗可以看出，温庭筠对织锦女的感情遭遇是非常同情的，而对其丈夫的喜新厌旧是唾弃的，这正是他的爱情观。在封建社会，女子遭受始乱终弃的事迹屡有发生，被男子冷落的故事更是不胜枚举，温庭筠的觉悟虽然还没高到怀疑或者抨击一夫多妻制，但他对女子的同情之情清晰可见，众多以女性为主人公、以闺怨为题材的诗词就是最好的证明。并非他异常偏爱描写儿女情长，而是敏锐的他能够体会女性作为弱势群体在那个时代的心情，并愿意为她们发出微弱的声音。

温庭筠的爱情观也和他纯朴、真诚、正直的个性有关。在这点上，他和元稹大为不同。温庭筠和元稹一样，都曾受知于裴度，但当裴度一朝失势，元稹便立即投向裴度的政敌，然后又很快爬上丞相的高位。这样一个没有立场、没有原则的人是如何描写爱情的呢？他的代表作品《莺莺传》我们都看过，其主人公张生也始乱终弃，但元稹却就“善补过”来加以歌颂，从这一点就可以看出元稹的爱情观和价值观与温庭筠是有很大不同的。而对于自己在政治上的变节，元稹更是以“身不胜妖，是用忍情”来开脱。温庭筠的一生因其正直、有骨气的性格而注定会坎坷多舛。这首诗里讲的不仅仅是爱情，还有人性，可以称作社会的缩影。

第八节

莫使此声催断魂——《觱篥歌》

蜡烟如纛新蟾满，门外平沙草芽短。
黑头丞相九天归，夜听飞琼吹朔管。
情远气调兰蕙熏，天香瑞彩含絪缊。
皓然纤指都揭血，日暖碧霄无片云。
含商咀征双幽咽，软縠疏罗共萧屑。
不尽长圆叠翠愁，柳风吹破澄潭月。
鸣梭淅沥金丝蕊，恨语殷勤陇头水。
汉将营前万里沙，更深一一霜鸿起。
十二楼前花正繁，交枝簇蒂连壁门。
景阳宫女正愁绝，莫使此声催断魂。

和温庭筠的其他诗作一样，本诗开头两句先介绍事情发生的时间和地点：房间内点着漂亮的蜡烛，天上的月亮圆圆的，又到十五了。接下来就是事情发生的环境：门外空旷的土地上，小草刚刚发芽，这是在一个春天的夜里。下面就开始叙事了：李德裕刚当上丞相时还很年轻，那时他的头发还是黑的，但是现在他已经回到了天上。李丞相虽然去世了，但是今晚我又听到了他曾在军中演奏的乐曲。前四句交代了事情发生的时间、地点、缘由，但只是点到为止，没有展开来写，因为这不是全诗的重点。

接下来才是重点，用大量的笔墨来描述听到的觱篥的声音。觱篥声给人的感觉如同兰薰的薰香，听着这样的声音情绪就会飘到很远，远到九天之上，远到李德裕的一生。写听觉却用嗅觉来形容，这是作者的高明之处。接着作者又由嗅觉移到视觉：听着这样的声音，又好像看到了吉祥的霞光异彩。觱篥歌带给人的感觉非常温馨，听者的感觉很好，那么演奏者呢？演奏者全情投入，手指抬起来的时候竟然带着血，可见他对李丞相也非常有感情，不然不会如此投入地演奏。“日暖碧霄无片云”，演奏者此刻的心情，就好像晴朗的天空中没有一片云那般纯净和宽广。这一句是用来形容演奏者的，因为此时已是夜晚，不可能“日暖”。所以，读诗也要善于想象，否则此处就解释不通了。

“含商咀征双幽咽，软縠疏罗共萧屑”，这两句是说演奏者和听众都那么投入，此刻都被乐曲感动了，似乎都在呜咽，所有的人都因这乐曲声而感到凄凉。这仅仅是因为乐曲声感人吗？当然不是。大家是听到李丞相的旧乐而想到了李丞相，都在为他的遭遇而不平。“不尽长圆叠翠愁，柳风吹破澄潭月。鸣梭淅沥金丝蕊，恨语殷勤陇头水。”这几句是说：柳条在水面上轻轻摆动，激起了一个又一个青色的涟漪，轻轻摆动的柳枝击破了水中月亮的影子。这时，觱篥的声音又如织布的梭子般淅淅沥沥地响着，声音中的愁与恨则犹如连绵不断的流水。

这么悲怆的音乐，即使是营帐前万里沙丘中歇息的霜雁也要被吓得飞起来。皇宫里花团锦簇，但是繁盛过后就是衰落。这里暗喻唐朝表面繁华，背后却已衰败。景阳宫里的宫女此刻正在痛苦和发愁，繁华的日子不会持续太久了，所以乐曲声就不要再刺激世人的灵魂了。写到这里，我们不禁想起诗开头的“情远”，由乐曲声想到唐室的危亡，真的是“情远”。

温庭筠不愧为懂音乐的高手，也不愧为写诗词的能手，他把音乐和诗词结合起来，用文字弹奏了一首美妙的乐曲。把乐曲描写得犹如在我们耳边回荡一样，恐怕也只有温庭筠能做到了。

在温庭筠的心目中，李德裕的形象一直是非常高大的，这不仅是因为他和李德裕的私人感情非常好，更是因为李德裕是个睿智而有能力的丞相。他几度称赞李德裕，不单是从个人感情出发，而是基于事实。李德裕对唐朝是有贡献的，可一些小人就是容不下对国家有贡献的人，这是国家的悲哀。而国家由这样的小人当道，怎么可能不走向衰败呢？

一首觱篥歌，寄托的不仅是温庭筠对李德裕的哀思，更是他对国家命运的担忧。

第四章

卷入斗争，科举不第

走上仕途的路无非有两条，一是朋友的举荐或帮助，二是参加科举考试。丞相李德裕和太子李永的去世，使他的第一条路走不通了，他必须参加科举考试。不过，温庭筠对参加科考信心满满，他对自己的才华还是非常有自信的，事实也证明了这一点。当命运的天平即将向他倾斜的时候，事情又发生了逆转。温庭筠卷入丞相李德裕的政党之争，又受到太子李永事件的牵连，被取消了参加进士考试的资格。第二条路又被堵死了，温庭筠经世济国的理想再次被搁浅。在痛苦的日子里，他只能在诗歌中抒发苦闷的心情。

第一节

万象鲜明禁火前——《长安春晚二首》

其一

曲江春半日迟迟，正是王孙怅望时。

杏花落尽不归去，江上东风吹柳丝。

其二

四方无事太平年，万象鲜明禁火前。

九重细雨惹春色，轻染龙池杨柳烟。

这两首诗写的都是长安晚春的景象。作者把春天当成一个女子来描写，第一首写的是一个浓妆艳抹的女子："温暖的阳光照耀着长安城，一切都万象更新的样子。这个时候本该神清气爽，王孙们却为何独自惆怅呢？是因为枝头的杏花都落了，再也看不到美丽的花瓣了吗？我心中的丝丝愁绪就犹如柳丝一样被江上的微风吹拂着。”这首诗隐含着作者的丝丝愁绪，作者的心情颇为失落和惆怅，这是为何呢？

我们再来看第二首诗，这两首诗把长安当成一个淡妆的女子来写：“今年是个太平年，各地都没有不好的事情发生，万象更新，大家一起去郊外踏青。天地恩宠，皇恩浩荡，大地受到滋润，蒙蒙细雨使春天看起来愈加朦胧，连龙池和杨柳都被烟雾笼罩了。”这一首和第一首的感觉不同，第一首诗中虽然是晴天，有暖暖的阳光，但作者心中却愁绪万千；而这首虽然下着蒙蒙细雨，但作者却在歌颂天地和皇上，看来作者心情不错。

这两首诗让我们想起苏轼的《饮湖上初晴后雨二首》。在那两首诗中，苏轼把西湖比作西施，并说“淡妆浓抹总相宜”。看来，在苏轼的眼里，晴天的西湖是浓妆的西施，雨天的西湖是淡妆的西施。而温庭筠也认为晴天的长安是浓妆的女子，而雨天的长安是淡妆的女子，确实和苏轼的《饮湖上初晴后雨二首》有异曲同工之妙。

但是，如何理解这两首诗中作者不同的心情呢？特别是第一首诗中所表达的惆怅心情？要回答这个问题，我们必须知道这两首诗作于何时，正是温庭筠参加科举考试落第之时。诗中有一句“杏花落尽不归去”，在唐朝，长安有个杏园，是皇帝设宴款待新科进士的地方。作者说“杏花落尽”，其实是在暗喻自己科场落第，进士无望，心中有说不尽的惆怅。

科举不第，似乎是温庭筠一生的痛。他的考试生涯一直不顺畅，并且很晚才参加考试，已年近四十。温庭筠先是参加京兆府考试并合格，而且名列第二，所以受到京兆府举荐准备来年参加礼部进士考试。按温庭筠当时的成绩，来年春天考中进士是十拿九稳的，但事情的发展却令所有人意想不到。温庭筠竟然称自己病了，而且一病就是将近两年之久，不但不能参加第二年春天的进士考试，连第二年秋天的考试也不能参加。在当时，被京兆府举荐参加进士考试而未能参加称作“等地罢举”。温庭筠真的是因生病而等地罢举的吗？有没有其他原因呢？

其实，温庭筠未能参加考试根本就不是因为生病，他也根本就没有生病，而是因为受到了小人的诽谤和诬陷。那么，谁在诬陷他？他身上有什么可被人诬陷的地方？这要从温庭筠早年的一段经历说起。温庭筠年轻时曾在江淮一带游历，当地有一位官员姚勖看重他的才华，就给了他一些经济上的资助，希望他能早日考取功名。谁知道温庭筠拿着这些钱去饮酒作乐，甚至寻花问柳。姚勖知道了非常生气，就拿板子打了他一顿。在某些人的眼里，这件事就成了温庭筠的污点，在他即将参加进士考试时，有人妒忌他的才华，就把这件事大肆宣扬，于是京兆府就剥夺了他参加进士考试的资格。

事实真的就如此简单吗？虽然温庭筠的性格并不完美，确实有不羁的地方，但在当时，文人饮酒作乐、寻花问柳是普通风气，虽然不雅，但也不至于以此为由不准他参加进士考试。所以说这背后一定另有原因。那么，让他受到诬陷的真正原因究竟是什么呢？是他在政治上的倾向，这依然与太子事件有关。温庭筠准备参加进士考试时，恰逢唐文宗再次追究太子事件，他也因此再次受到牵连。温庭筠虽然人品正直，但性格不羁，不修边幅，又能吹奏靡靡之音，作侧艳之词，这都给一些人留下了不好的印象，就连皇上也认为他有诱导太子犯错的嫌疑，再加上“牛党”一伙的推波助澜，温庭筠就被取消了进士考试资格。这种政治错误不是道德品质、生活作风问题，没被杀头已是万幸，所以被取消参加进士考试的资格也就很容易理解了。

不仅这一年，连开成五年（公元840年）、会昌元年（公元841年），温庭筠都未能参加进士考试。他参加科举考试本来就晚，这次事件又耽搁了他好几年，他的仕途之路越来越艰难，心中的希望也越来越渺茫。这就不难理解在《长安春晚二首》其一中，他的心绪为何这般沉重，实在是因为“等地罢举”和“两年不能参加进士考试”之事件对他的打击太大了。

第二节

不肯忘机作钓船——《渭上题三首》

其一

吕公荣达子陵归，万古烟波绕钓矶。

桥上一通名利迹，至今江鸟背人飞。

其二

目极云霄思浩然，风帆一片水连天。

轻桡便是东归路，不肯忘机作钓船。

其三

烟水何曾息世机，暂时相向亦依依。

所嗟白首磻溪叟，一下渔舟更不归。

这是作者在渭河桥上写的三首小诗。

第一首：姜子牙与严子陵都曾经隐居山林，都曾经在河边垂钓，但命运却截然不同，一个享尽荣华富贵，一个却一生隐居在千里烟波之处。这就说明，严子陵是真隐士，而姜子牙却故意以隐居吸引周文王的注意，其实只是一个沽名钓誉之徒罢了。这世上有许多追逐名利的人，不过直到今天，那些江鸟都厌恶暗藏心机、追名逐利之人。

在许多人的心中，姜子牙辅佐周文王打天下，为强周灭商作出了不少贡献，在历史上有不可磨灭的地位。但温庭筠却没有人云亦云，而是敢于从另一个角度否定姜子牙，说其不过是沽名钓誉之徒。这说明温庭筠骨子里确实有清高的一面，但也有矛盾的一面，他一方面渴望功名，一方面又唾弃功名，或许这就是古代文人的士人情怀。

第二首：把目光投向远方，心中更有一股浩然之气，广阔的海面上，水天相接，景色壮观。如此美丽的河山和湖海，只需要一条小船就可以享受，快乐无忧的日子其实很容易就能得到。然而，名利对人的诱惑实在是太大了，人们终究抵挡不住，想来真的是有些可悲啊。

杜牧曾作过一首《怀紫阁山》，其中这样写道："百年不肯疏荣辱，双鬓终应老是非。人道青山归去好，青山曾有几人归。"此诗和温庭筠的这首诗表达了同样的意思。在这首诗里，温庭筠继续表达对名利的态度，谁都羡慕闲云野鹤的日子，可谁也不肯放弃对名利的追逐。

第三首：美丽的山水风光、恬淡的生活确实令人向往，就连短暂留恋其中也让人不舍得离开。但是这种生活的吸引力还是不如名利的诱惑力更大，不然怎么连姜子牙这样有德才的人也放弃了大半生的隐居生活，奔向了名利场。姜子牙尚且如此，普通人就更无法抛却名利心了。清高的温庭筠再次流露出“举世皆浊我独清”的心绪。

这三首小诗都是在表达作者的名利观，温庭筠对追逐名利之人的不屑、对名利场的厌恶以及对隐居生活的向往都在作品中得到了全面展现。在他的众多作品中，这是少有的清晰地表达他名利观的作品，他对名利及有心机之人的憎恶之情可见一斑。对于在名利和归隐之间该如何抉择，温庭筠一直是矛盾的，但他经世济国的理想却是强烈的，那么他就无法完全抛却名利观。事实上，他一直是非常渴望得到功名的，因为功名和他经世济国的理想并不矛盾，他一直参加科举考试正是希望通过此举取得功名。那他为何此时对功名如此唾弃呢？

不但唾弃名利，温庭筠还在这首诗中表达了强烈的悲观情绪。温庭筠的一生固然坎坷，但他本性乐观，大多时候对生活都充满了激清，但此时此刻，他却显得有些悲观，对现实的不满和失落难以言表。其实，他心中本来也渴望像姜子牙那样建功立业，但为何此时却对其嘲笑与不屑？一定是一些事情对他造成了极大的影响，这件事依然是科举不第。

对温庭筠来说，通过科举考试走上仕途几乎是他实现个人理想、报效国家的唯一途径，他也知道依靠自己的才华是很有可能实现的，但没曾想到现实是如此残酷，他受到太子事件的影响，被取消了参加进士考试的资格，唯一的路被堵死了。对朝廷的失望、对小人的憎恨、对国家的无奈以及对自己的悲哀，这一切都让他对现实生活感到厌倦，对名利场更是厌恶，而对世外桃源般的隐居生活则更加向往。说是逃避也罢，说是对人生新的认识也罢，总之在这个时候，温庭筠真的需要一个安静的地方来调适心情，思考人生，重新计划未来。或许就是在这样的心境下，他写下了这首《渭上题三首》。

第五章

东归吴中，游历越中

科举不第使温庭筠备受打击，他从家乡来到长安，是为了实现心中的理想，如今壮志难酬，心情苦闷，不免思念家乡吴中。于是，他踏上了东归吴中的旅程。在路上，他写下了《过陈琳墓》、《开圣寺》，借古人抒发自己怀才不遇的情怀。但温暖的家乡留不住他那颗不安分的心，他又开始游历，这次是越中。在那里，他又写下了许多传世的诗篇，如《苏小小歌》、《南湖》、《更漏子》等，这些诗篇记录着他从示停止的脚步。

第一节

欲将书剑学从军——《过陈琳墓》

曾于青史见遗文，今日飘蓬过此坟。
词客有灵应识我，霸才无主独怜君。
石麟埋没藏春草，铜雀荒凉对暮云。
莫怪临风倍惆怅，欲将书剑学从军。

这首诗是温庭筠东归吴中路过陈琳墓时写的，他在诗里再次表达了自己怀才不遇的苦闷。

“我曾经在史书上拜读过您的文章，今日飘零到此刚好路过您的坟墓。您以文章而闻名于世，那就应该了解我的心情。有才华的人就应该像您一样遇到像曹操那样豁达大度、爱惜人才的君主，可惜我没有这样幸运，所以我很羡慕您。您坟墓前已经长满了春草，石麟也被埋其中，看起来非常荒凉。那远在邺都的铜雀台，想必现在也是荒凉矗立着，与远方暗淡的云遥遥相对。既然写文章没什么用，有才华也碰不到重用自己的人，不如弃文从武好了，从此仗剑从军，投靠将军幕府吧。”

温庭筠的这首诗仍然充满了郁郁不得志的消极情绪，他对自己的怀才不遇很难释怀，甚至有了弃文从武的打算。要想很好地理解这首诗和温庭筠的这种心情，必须知道他是在何种情景下写这首诗的。温庭筠被取消进士考试资格后，深受打击，心情低落，再也无心在长安继续待下去，因此决定回家乡吴中。离开此地，就能远离小人对他的伤害。所以，第二年春天，进士放榜后，温庭筠想着榜单上再也不可能有自己的名字，终于动身了。他先出潼关，沿着京洛大道一直往东到洛阳、汴州，然后沿着汴水坐船南下，五月初到达陈琳墓。温庭筠前去拜谒，并写下了这首诗。

陈琳是三国时期的文学家，“建安七子”之一，曹操麾下的军师，曾为袁绍效命，曹操灭袁绍后不计前嫌重用了他。陈琳写得一手好文章，他的文章出现在很多史书上，被后人阅读借鉴。从这首诗中可以看出，温庭筠对陈琳颇为敬仰，心中希望自己也能像他那样名垂青史，可惜却一直在四处漂泊。“今日飘蓬过此坟”之“飘蓬”二字道出了作者落寞的心情。在这首诗里，作者的感情极为复杂，他觉得自己和陈琳应该可以惺惺相惜，这说明他骨子里其实很自负，认为只有像陈琳这样名垂青史的人才会懂自己。这种自负可以从“词客有灵应识我”的“应”字看出来。但自负的同时作者也很痛心，因为除了这墓中之人，世间竟再没人懂他。所以，他才叹息“霸才无主”。

一个杰出的才子在当时竟然找不到知音，而把早已作古的前贤引为知己，这不能不说是一种悲哀，也可以从中看出温庭筠当时是多么地寂寞无助。他用陈琳的坟墓被春草淹没来暗示自己不被重用，自己的才华受到埋没，他没有遇到像曹操那样的贤主或明君，颇有点生不逢时的感叹，也表达了其对这个时代的不满。到最后，作者的情绪由不满转为更加消极甚至想放弃，既然写文章没有什么用，不如不写算了，从此执剑从军。温庭筠的心情是何等灰暗，才会说出这样的话，他一生中写了那么多诗词，如今竟然想放弃，可见其心中几乎绝望了。不过，这执剑从军并不完全是温庭筠发泄情绪时说的赌气话，而是他思考过后的打算。他之后到达扬州时，就曾经想办法拜谒淮南节度使李绅，希望有机会做他的幕僚。

温庭筠到长安结识丞相李德裕，依附太子李永，参加科举考试，都是为了给自己谋求发展的机会，一圆自己经世济国的梦想。但如今，李德裕和太子都死了，他自己也落第了，所有的梦想都破灭了，前半生的所有努力也都化为泡影了，心中的失落该是多么强烈啊。

科举不第给温庭筠的一生带来的影响是巨大的，可以说他后半生颠沛漂泊，充满坎坷，直至失败都是从这件事情开始的。所以这首《过陈琳墓》表面上是凭吊古人，实际上是表达自身的遭遇，排遣内心的痛苦。在这样的心境中，他更渴望早日回到自己的家乡，毕竟那里才是让他感到最温暖的地方。

第二节

耻将兴废问休公——《开圣寺》

路分蹊石夹烟丛，十里萧萧古树风。
出寺马嘶秋色里，向陵鸦乱夕阳中。
竹间泉落山厨静，塔下僧归影殿空。
犹有南朝旧碑在，耻将兴废问休公。

开圣寺始建于南朝时期，其故址在润州丹阳，也就是如今的江苏镇江。这首诗是写景诗，写的是温庭筠回家乡吴中时，路过开圣寺的所见所感。全诗以抒写景色为主，从旅途的跋涉开始写到到达开圣寺后在其周围的徘徊所见。全诗由远及近，追寻历史陈迹，叹息今古兴衰，寓意深刻，令人回味悠长。

在山谷中间，一条曲折的小道蜿蜒而上，这是通往开圣寺的小路，路的两旁是丛丛的烟树和各种奇形怪状的石头。苍茫的丛林中，一阵山风吹来，落木萧萧，感觉阵阵凉意传来。走到开圣寺的门外，登上高处向远方眺望，天地之间一片秋天的景色，马儿在悠闲地踢着蹄，打着响鼻，不时地仰头朝着天空嘶鸣。此时正值夕阳西下，天边都被夕阳染红了，陵墓周围的乌鸦在层林之间飞来飞去，叫声一片。竹林中间流下一道道泉水，山间的厨房里静静的，已是日暮时分，可还没有人做饭。影殿里面空空的，听不到木鱼的声音，原来这里的僧人都已归去，殿外不远处墓塔林立，僧人都埋在那里。南朝时所立的旧碑还在，但寺庙的热闹却早已不在。开圣寺的兴旺和衰落已经很明显了，谁还敢再去问休公呢？

这是一座萧瑟而又破败的旧寺庙。作者从通往寺庙的路上就开始描写，把读者一步步引进开圣寺的氛围中。这个氛围是萧瑟的，山道、乱石、古树、烟霭，几个形象勾勒出一幅秋日的萧瑟画面，更添几分旅途的寂寞和荒凉。到了开圣寺，景色更加萧瑟。一座三四百年前的寺庙，马匹嘶鸣，乌鸦乱飞，竹子错杂立于其中，泉水自落其间却早已无人饮用；已是黄昏时分，山厨里还没有人做饭。寺庙里太安静了，一个人都没有，原来僧人们都已经去世了。寺庙是如此衰败，看到今日的荒凉，作者不禁想起香火鼎盛的时候。开圣寺的兴废变迁已不言而喻，不需要再去问休公了。休公代指开圣寺的住持。

一个几百年前破旧的废庙，并没有动人的风景，却引得作者为之泼墨，温庭筠是想要表达什么呢？当然不仅仅是要描述一个破旧的寺庙，而是感叹历史的兴衰变化和它背后隐含的寓意。开圣寺建于南朝时期，当时南朝皇帝佞佛曾下令在全国各地兴建寺庙，全国大大小小的寺庙有不下几百座。杜牧曾经在《江南春》中写道：“南朝四百八十寺，多少楼台烟雨中。”可见那时的庙宇之多。但大兴土木却给国家带来了难以估量的后果：不仅浪费了大量的人力、物力、财力，还毁坏了农业，加剧了人民和统治阶段之间的矛盾。同时，统治阶级又荒淫无度，最终导致南朝时期朝代不断更换，社会极其不稳定。

皇帝的一个不当举措导致国家陷入危险的境地，这恐怕才是温庭筠写这首诗想要表达的真正意思。一个寺庙的兴衰反映的是一个朝代的兴衰、一个国家的生死存亡，南朝的这一历史事实给了后来的统治者深刻的教训。所以，作者面对这荒废的寺宇不由得感慨，这感慨里面有对过去兴衰变迁的叹息，更有对今日晚唐社会的思索。

晚唐时期的社会和南朝时期有很多相似之处，皇帝昏庸无能，又作出过几个正确的举措呢？百姓民不聊生，农民起义频繁，皇帝不断更替，国家动荡不安，这也和南朝时期极其相似。温庭筠心中是多么担忧唐朝重蹈南朝的覆辙！因此，他写这首诗是希望今天的统治者们能吸取历史的教训，不要把今日的国家也陷入衰败的境地。

追溯历史不是为了感叹过去，而是希望历史能映射现在，预警未来。温庭筠虽然科考落第，不为国家所用，但他的爱国之心永远都不会改变。因此，他在回家的途中从未停止过对国家的忧心。

大约在会昌元年（公元 841 年），温庭筠终于回到了自己的家乡吴中。阔别家乡多时，今日终于见到旧乡的一切，他心中自然是十分激动的。激动之余，不免赋诗一首：“晴川通野陂，此地昔伤离。一去迹常在，独来心自知。鹭眠茭叶折，鱼静蓼花垂。无限高秋泪，扁舟极路岐。”离开家乡多年，旧迹仍在，物是人非，此番归来，感触满怀。这首《东归有怀》将温庭筠回家的欣喜之情宣泄得淋漓尽致。

第三节

一自檀郎逐便风——《苏小小歌》

买莲莫破券，买酒莫解金。

酒里春容抱离恨，水中莲子怀芳心。

吴宫女儿腰似束，家在钱唐小江曲。

一自檀郎逐便风，门前春水年年绿。

温庭筠回到家乡吴中居住了一段时间，心情平复了很多。远离长安的喧嚣和名利场上的争斗，他过了一段惬意的日子。可惜，温庭筠不是一个甘于平淡的人，没过多久，他就开始对这样的日子不满足了。会昌二年（公元 842 年）的春天，他又决定去越州游历。他沿着运河到了杭州，在经过西湖时，来到了苏小小的墓前，作了这首《苏小小歌》。

苏小小是南北朝时的名妓，这首乐府歌辞为我们描述了这样一幅画面：一位佳人独自坐在桌边饮酒，神色黯然，想来是正在思念远方的情郎。她心中哀叹：金钱买不到他人的怜爱，借酒浇愁只会使愁更愁。但是现在她没有人怜爱，只能借酒浇愁。看着酒中倒映出自己憔悴的容颜，她心中更加含恨。自己有一颗怜爱情郎的芳心，为何就是得不到他的珍惜呢？现在自己不仅容颜憔悴，连腰肢也纤细了，真是“为伊消得人憔悴”啊。当初，情郎坐船乘风而去，年年陪伴自己的就只有门前的春水和春风。一年又一年，春水不断地流，春草枯了又绿，可情郎始终没有回来过，而自己的青春年华已随着春水消逝东去。

温庭筠途经杭州，见到家住钱塘江的吴地女子思念情郎，于是写下了这首《苏小小歌》，大概这位女子也像苏小小一样是位歌妓。温庭筠对弱小者总是怀着一份同情，无论是嫔妃、宫女或者歌伎，他总能对她们的遭遇感同身受，为她们写下动人的诗篇。这或许是因为他的个人命运和她们一样飘零，也或许是因为艺术家身上总有一种悲天悯人的情怀。对这些歌伎，温庭筠是怀着深深的同情的，不但不鄙夷她们的身世，还喜欢接近她们，了解她们的生活。在他眼里，这些歌伎非但不低贱，还比平常女子多几分才华。而一些名流雅士也喜欢和她们交往，有些是附庸风雅，有些则真的是为她们的风采倾倒，这和寻花问柳没有关系。温庭筠性格不羁，不拘小节，风流或许有几分，但下流实在是谈不上。他喜欢和这些歌伎接触，也愿意为她们写下动人的诗篇。

温庭筠是个不甘寂寞的人，他的身心可以漂泊，但精神不能空虚，所以他的生活就是在读万卷书、行万里路、阅无数人中度过的。各个阶层的人都可以成为他的朋友，这些朋友都是他了解社会和现实的一个途径，丰富了他对生活的体验，为他提供了诸多写作素材。特别是像苏小小这类中下阶层的人物，无数次成为他诗词中描写的对象，甚至最终成为他的特色，成就了他“花间鼻祖”的称号。温庭筠如果一生仕途顺利，高官厚禄，恐怕就没有机会接触这些人物，也不会对他们的生活感同身受，并写下那么多深情的诗篇了。因此，一个人的每一段经历都有它的价值，都是人生中的一种财富。

对温庭筠来说，科考落败是他一生最大的痛，也是他最大的财富。但对当时的他来说，如何才能完全走出科考落败带来的阴影？恐怕只有游历才能填补他内心的空虚，让他的精神生活丰富起来，内心更加坚强。毕竟，二十多岁的时候，他就经历过那样的生活，放浪山水，无拘无束。虽然暂时不能建功立业、实现自己的理想，但他可以寻找点滴的快乐，去体验市井生活，去寄情山水。

总之，温庭筠是不会也不愿碌碌无为的。没有什么能阻止他的才华横溢，纵然不能谋取功名，他依然可以在历史上留下无数的诗篇，不管用何种形式，历史总是有他的位置的。不过，他贯有的逃避的心态，也是导致其悲剧的一个重要原因。

第四节

水鸟带波飞夕阳——《南湖》

湖上微风入槛凉，翻翻菱荇满回塘。
野船著岸偎春草，水鸟带波飞夕阳。
芦叶有声疑雾雨，浪花无际似潇湘。
飘然篷艇东归客，尽日相看忆楚乡。

温庭筠离开杭州，渡过钱塘江到达萧山，又从萧山向东南行，到达了此次游历的目的地——越州。这首《南湖》是他刚刚到达越州时所作的。

坐在湖边水榭的栏杆上眺望湖面，刚开始并没有什么感触，但微风轻轻吹过，忽然感到阵阵凉意。池塘里满是菱荇，小船自在地停靠在岸边，和旁边的青草紧紧依偎。鸟儿在夕阳下自由飞过，飞过时掠过水面带起的波澜煞是好看。芦叶在微风的吹拂下发出沙沙的声音，听起来像是下起了蒙蒙细雨。微风吹动湖面，涌起一朵朵浪花，看起来像是湖南的湘江与潇水。东归客坐在篷船上，想起自己的家乡吴中。

这也是一首写景诗，前六句写南湖的景色，后两句写作者的心情。诗中写到春草，说明作者到达南湖时是春天。通篇的关键词是微风，因为有了微风，才会“入槛凉”，才会“水鸟带波”，才会“芦叶有声”，才会“浪花无际”，而微风也暗指作者心中的烦恼。作者由触觉写到视觉，再写到听觉，最后抒发自己的心情：“尽管这里的一切都很美，但我只是漂泊到这里，我只是个东归客，心中惦念的还是故乡。”

这首诗再次说明温庭筠深爱自己的家乡，太湖之滨烟波浩渺，景色多么迷人，可他心中眷恋的仍是自己的家乡。在这首诗里，作者也有一些字词是经过特别琢磨的，例如“野船”的“野”，表达作者渴望自己像一只闲云野鹤一样过着自由自在、无拘无束的生活，不再被俗世烦扰。游历越州是温庭筠的过渡期，一系列的遭遇使他暂时壮志难酬，但他对未来似乎还未完全死心，对科考也未完全放弃，他还在等待机会，但机会何时才能到来呢？他已经过了不惑之年，机会越来越少，这就是他此时心中最大的烦恼。带着这种烦恼看江南的风景，温庭筠的心变得异常敏感，一阵淡淡的微风就让他感觉到了悲凉。这也说明他的一生过得并不是那么快乐，壮志难酬是他一生的心病。

温庭筠离开南湖后，前去拜访了前辈诗人贺知章的故居，并写下《题贺知章故居叠韵作》；又到天台国青寺访当年曾经居住过的精舍，写下《宿一公精舍》。此后不久，温庭筠启程返回吴中。返回途中，他在钱塘江遇到故人，并写下《江上别友人》。温庭筠回到家乡吴中，一直待到第二年春天。在吴中时，他曾去拜谒一些名人和官员，希望得到一些发展的机会，但均没有结果。于是，温庭筠的心再次蠢蠢欲动。他觉得一直这样下去就是在浪费生命，他必须有所改变。

在这年春天将逝的时候，温庭筠再次离开家乡吴中前往长安。虽然家乡生活安逸，但却无助于他实现自己的梦想。虽然长安是个令他心痛的地方，但却有助于给予他想要的明天。而且，温庭筠不是个轻易服输的人，他觉得在哪里跌倒了就应该在哪里爬起来，不应该就这样向命运认输。因此，他决定再次北上长安。在他看来，自己的光明未来远远没有到来！

第五节

城上角声呜咽——《更漏子·背江楼》

背江楼，临海月，城上角声呜咽。
堤柳动，岛烟昏，两行征雁分。
京口路，归帆渡，正是芳菲欲度。
银烛尽，玉绳低，一声村落鸡。

温庭筠北上长安途经润州，在那里他又有了作品，就是这首《更漏子》。

倚靠着江边的楼阁，眺望海上的明月，城上的号角声似乎在呜咽。长堤上的柳枝在微风中轻轻摆动，海中的小岛在夜色中显得越发朦胧，一群大雁分开飞行，似乎正在离别。在那京口渡头，归去的航船已经上路，这时正值暮春，鲜花纷纷凋落。蜡烛渐渐燃尽，天上的星星也渐渐低垂，突然听到村落的鸡在鸣叫，天就要亮了。

词中的京口就是润州，岛烟迷蒙、江楼海月都是京口的地理特征。夜色来临，主人公却毫无睡意，看着天上的明月，思念着远方的人。心中思绪万千，所以号角声在他听来也成了呜咽声，大雁分开飞行也是在离别。主人公百无聊赖地看着摆动的柳枝、昏暗的小岛、凋谢的花朵，甚至整夜守着烛台，看着蜡烛一点点燃尽，星星都渐渐消失了，一直到黎明到来。主人公一夜无眠，心事重重。

温庭筠的现存词基本上都是写闺情怨思的，其主人公基本都是女性，活动范围一般不超过闺阁。但这首词却不同，它是一首羁旅词，主人公是男的，就是作者自己，全篇描写的是京口的景物。这首词境界开阔，格调清新，与其他风格艳丽的闺情词完全不同，内容更是和爱情没有一点关系。这首词和《商山早行》是同一类型的作品，但用的却是另一种形式。而主角为男子、词的内容和爱情无关并非只此一首，另一首《清平乐·洛阳愁绝》同样是写男子壮别的。

温庭筠走到京口一带时，彻夜难眠。人生兜兜转转，经过几许漂泊，他决定再回长安。但到了长安会是什么情况，他心中其实也没有底。再次参加科考会顺利吗？那些曾经算计他的小人会善罢甘休吗？太子李永和丞相李德裕已死，他已经没有依附的对象，还能谋到发展的机会吗？他望着京口纷飞的大雁和帆船，思绪万千。因为担忧未来，所以他彻夜难眠，心里的压力很大。

但就算如此，温庭筠也不愿意一直待在家乡，宁愿折腾也不愿默默无闻、无所作为。他天生就是个不甘寂寞的人，没有拼尽全力，谁知道会不会成功呢。就像他的先祖一样，曾经被敌人囚禁多年，受尽折磨，可最终还是被皇上重用并身居高位，从此声名显赫。所以他不能受到一次打击就一蹶不振，必须以先祖为榜样，力求重现温氏家族的辉煌。这或许就是温庭筠心中屡败屡战的动力。他的一生固然忧国忧民，但对功名的渴望也异常强烈。虽然此时的他已过中年，但对一个有强烈上进心的人来说，年龄不会成为他却步的借口，只会加快他前进的步伐，让他感到时不我待，必须快马加鞭追赶易逝的时光。

此刻，温庭筠的心中就是这么想的。所以，即便担忧明天，他也没有犹豫。暮春时节他离开京口，渡过长江，继续北上，取道运河，由汴州向西直至长安。

第六章

羁游湖湘，闲居鄂郊

温庭筠是个不甘平庸的人，惬意的家乡生活、自在的游历生涯都不能使他满足，他想有所作为。同时，他也是个不甘心被命运摆布的人，纵然受到他人的打击和排斥，他依然不想轻易放弃经世济国的理想和参加科考的权利。所以，他又来到了长安，在鄠杜郊居写下众多闲适的诗篇。但闲适的生活终究不是他的追求，闲适的生活对他那颗蠢蠢欲动的心来说是一种折磨，他渴望再次参加科举考试，他等待着这样的机会。

第一节

娟娟照棋烛——《湘宫人歌》

池塘芳意湿，夜半东风起。
生绿画罗屏，金壶贮春水。
黄粉楚宫人，方飞玉刻鳞。
娟娟照棋烛，不语两含颦。

这首词又是在什么时候写的呢？从词名上看，应该是在湖南写的。温庭筠离开吴中后，本来准备一路北上前往长安，但又临时改变行程，来到了湖湘。他到湖湘有什么事情呢？难道又想在湖湘游历一番吗？当然不是。他到湖湘是想去拜谒一个人，这个人就是当时的湖南观察使裴休。他和裴休早就认识，此次去拜访当然是希望裴休能在政坛上提携他。但是，他在湖南潭州呆了一阵子，仍然没有等到什么结果，于是又继续北上。这首《湘宫人歌》就是他羁旅湖湘之时所作。

这首《湘宫人歌》是宫怨诗，没有任何的政治内容。温庭筠写过多首宫怨诗词，原本这类诗词手法已经非常老套，但温庭筠仍能写出新意。就像这一首，通篇没有说一个怨字，但又无“怨”不在。通篇没有一句议论，只是塑造艺术形象，使得这篇宫怨诗有怨但又不沉重。

诗中向我们描绘了一个女子在雨中思念离人的画面：不知道什么时候下雨了，细细的雨丝无声无息，只见到地上的草儿渐渐湿了。以湿湿的青草写雨，读者的脑海中会立刻勾勒出这幅雨中的画面。半夜，又风起了。半夜下雨、起风，女主人公都知道，而且还观察得非常仔细，可见这一夜她根本没睡。一声声的滴漏声清晰可闻，渐渐地，天亮了，罗屏上的画儿都看得很清楚了。再次形容她一夜没睡。这四句写的是景物，可是我们却感觉人物无处不在，这就是以景写人，更能衬托人物。

昨晚睡觉时，脸上的脂粉都没有卸掉，头上的玉饰也还戴着。可见她彻夜木眠，所以妆没有卸，头饰也没去掉。这一夜她究竟干什么了呢？她独自看着棋盘，照着棋盘的蜡烛在“流泪”，而她也在流泪。一个人为什么下棋呢？是因为无聊吗？这里作者用了一个典故：《读曲歌》云：“明灯照空局，悠然未有期。”所以，独自看着空空的棋盘，是在想着那个期望不到的人。这里才点出她一夜未睡，看烛流泪的原因——是在思念一个期望不到的人。明知没有期望还要苦苦守候，为此整夜无眠，可见女子爱得痴傻。

古时的宫中女子在入宫前多半已有意中人，一旦入宫，意中人就再无相见之时。所以“明灯照空局，悠然未有期”，这个人、这段情是永远都没有希望了。那么这首诗仅仅是在哀叹宫女的命运吗？只是写宫女们青春易逝吗？当然不仅仅是这样。宫女与心中思念的之人相见永远都没有希望，而温庭筠对于皇帝的期望也一直在落空。表面上是写宫女对封建统治者的怨怼，实际上是写自己对朝廷的不满。或许这位宫女就是温庭筠的化身。

在这首诗里，宫女宁愿独自面对一盘空棋思念一个期望不到的人，也不愿想办法去取悦皇上。而温庭筠宁愿被孤立、排挤、屡次考试不第，也不愿去取悦当权者。所以，他的命运也只能和这个宫女一样，最终孤独地与自己相伴。可见，温庭筠对自己的个性是非常了解的，他明知道有些话说了、有些事情做了会带来些什么，但他还是要去说、要去做，因为他无法控制自己的脾气。如果他可以“识时务”一些，懂得圆滑处世和做人，他的命运一定会好很多，但是他却不愿去妥协。他的这副臭脾气致使他只能孤独地面对棋盘，期望中的理想永远都实现不了。

这首宫怨诗不仅是在怨他人，也是在怨作者自己。然而，整首诗没有表达任何埋怨，只是描写一个宫女一夜未眠的所闻所感以及清晨所见，但不说怨却更怨，因为怨太深，已经不知道用什么样的语言来表达了。或者是怨了太久，没有力气说了。可见，没有半句议论的宫怨诗词在表达上更加有力。

这首诗虽然没有任何政治内容，除了宫怨外没有表达其他任何意思，但温庭筠对朝廷和皇上的怨恨却无形地包含于中，他已经极为委婉地表达了自己的心声。在那个政治敏感的时代，温庭筠只有用这种方法来宣泄对现实的不满。

在湖南羁游的日子依然自在，但同时也很孤独。温庭筠对现实虽然有许多不满，对朝廷也有许多愤慨，但他知道自己最终还是要回到那里去的。或许正是因为现实不能令他满意，他才有欲望去改变现实。或许，在污浊的官场中做一个干净的人，然后去拯救这个污浊的官场，才最能证明他的存在。这就是温庭筠，在他的一生中，士人情怀始终贯穿其中。

第二节

不将心事许烟霞——《郊居秋日有怀一二知己》

稻田凫雁满晴沙，钓渚归来一径斜。
门带果林招邑吏，井分蔬圃属邻家。
皋原寂历垂禾穗，桑竹参差映豆花。
自笑谩怀经济策，不将心事许烟霞。

温庭筠在湖南拜谒裴休没有任何收获，只有离开潭州，继续北上长安。大约在会昌三年（公元 843 年）的夏秋时节，他再次回到他在长安的居所——鄠杜。长安是他的心痛之地，但也是他必须要来的地方。长安是全国的政治文化中心，不管是再次参加科考或是结交朋友谋求发展机会，这里都是最适合的地方。只要他心中还有经世济国的梦想，他就必须要来长安。所以，这里是他又爱又恨的地方。

自此以后，除了被贬的日子，他所有的岁月都在长安度过。在长安的日子他都是怎么度过的呢？一是写诗词，二是交朋友。温庭筠在鄠杜郊居写的作品主要分三类：第一类是描写自己的居所；第二类是描写与朋友之间的交往；第三类是描写以鄠郊为中心的周边环境及游览之作。这首《郊居秋日有怀一二知己》就属于第一类作品。

温庭筠的居所是什么样子的呢？“广阔的稻田一望无际，晴朗的天空下野鸭漫步、归雁成群，一条斜斜的小路上，钓鱼的人正满载而归。门外是硕果累累的果树林，邻居家里也是蔬菜、瓜果满园。原野上禾穗寂寞地低垂着头，到处都是高高低低的桑竹和豆花。这是一幅多么美的田园风光，但我心里却还想着如何才能经世济国，这是多么不切实际的想法啊，连我自己都嘲笑自己，不如还是归隐山林间吧。”

作者在诗中为我们描绘了一幅恬淡和美的田园画卷，这种画面令多少人心驰神往，可是作者并不满足于在这安乐优美的环境中生活，心中仍然怀揣着经世济国的梦想，纵然连他自己都觉得这可能永远都不会实现，所以他也不由得嘲笑自己。

再次来到长安，虽然日子过得悠闲自在，但温庭筠的内心却总是不满足，或许他天生就是不甘于平凡之人。闲散的生活不是他的追求，经世济国才是他的理想，像诸葛亮那样遇到明君，为国家效力才是他真正想做的事情，但他现在却壮志难酬，所以日子再安逸也难消他心中的愁绪。过于悠闲的生活对于温庭筠来说非但不是享受，反而是种折磨，他急切地想做一些事情，无奈却没有机会。无人发掘他、帮助他走上仕途，这让他心里终究难安，只好写写这样的诗词抒发一下愁绪。温庭筠在鄠杜郊居写下了许多作品，在他的诗词中，凡是有“鄠杜郊居”、“鄠郊别墅”、“幽墅”、“郊野”、“有扈”等描述的，均是指他在长安西南鄠县的居所。他在鄠郊的居所相当大，有房舍、园子、兰畦、竹径、池塘等，还有田租，门外是一片碧绿的田野，风景非常优美。他可以自己种植、钓鱼，虽然生活不是十分富裕，但也非常惬意。他的别墅虽然比不上王侯将相的府邸，但这种田园风光式的住所也不是一般人所能拥有的。这并不是温庭筠自己开发的一块荒地，而是他祖上留下的产业，他后半生的大部分时间都是在这里度过的。温庭筠在这里写诗词、会朋友，此后多次参加进士考试也是居住在这里。

但是，这么美丽、惬意的居所，温庭筠却不能心安理得地居住，看着先祖留下的产业，他内心特别惶恐不安。先祖们不但在世时有赫赫英名，还给祖孙留下了这么大一笔财富。而他到现在还没有任何建树，不但不能显赫于当世，以后也不能给祖孙留下些什么。想到这里，他又怎能安心呢？这就是温庭筠在长安郊区的生活和心理状态。

在这种苦闷的时候，他也只有写写诗词文章来舒缓一下情绪，或者去拜访一下在长安的朋友，在这样生活中等待着再次参加科考的机会。

第三节

卷帘看画静无人——《题李处士幽居》

水玉簪头白角巾，瑶琴寂历拂轻尘。
浓阴似帐红薇晚，细雨如烟碧草春。
隔竹见笼疑有鹤，卷帘看画静无人。
南山自是忘年友，谷口徒称郑子真。

李处士即李羽，是温庭筠在长安的朋友，他和温庭筠的感情很深。在古代，有才德但隐居山野不走仕途的人被称为处士。这首诗是作者在李处士居所做客时所作。

在温庭筠的笔下，李处士的居所是这样的：李处士头戴水晶做的玉簪和白色的头巾，正坐着弹琴，琴声清冷寂静，但却惊动了梁上的微尘。浓浓的树阴好像帷帐，红色的蔷薇爬满了墙壁。细细的雨丝让人感觉不到在下雨，只能看到蒙蒙的雨雾，碧草仿佛在告诉大家春天来了。竹林的缝隙中隐约可见几个笼子，李处士家里好像养了鹤。居所四处都非常安静，好像没有一个人，此种景象就像一幅画。希望李处士寿比南山，像隐居谷口的著名隐士郑子真一样受到人们的敬仰和称赞。

这首小诗很简单，是一首歌颂友人的诗。前六句描写了李处士幽居处的几个地方，为大家勾勒出一幅清幽雅致的画圈和一个怡然自得的隐士形象。丝竹管弦、芳草红薇、仙禽雅卷，作者随便截取的几个画面，就使大家看到了一个有情趣的隐士的生活。古代的隐士大多顺应自然，清心寡欲，与世无争，这些都被认为是高洁的美德。温庭筠赞美李处士，也是在告诉自己，李处士可以做到顺其自然、与世无争，自己为什么不能像他那样呢？自己如果能放下建功立业、经世济国的梦想，也可以像李处士一样过悠然自得的日子。在长安的这些日子里，温庭筠始终在纠结着这个问题。

除了本诗，温庭筠还写过许多有关李处士的作品，例如《李羽处士寄新酝走笔戏酬》、《春日防李士四处士》，李处士去世后，他又写了《李羽处士故里》、《经李征君故居》、《宿成南亡友别墅》、《经李处士杜城别业》、《登李羽处士东楼》等。为一个名不见经传的普通朋友写下如此多的诗作，可见温庭筠和李处士的情感非常深厚，也足见他是一个重情之人。住在长安鄠郊期间，温庭筠结交了很多朋友，李处士是来往最密切的一个，其他还有与他齐名的李商隐，以及卢处士、薛昌之等，还有后来和他成为忘年之交的鱼玄机。不管是来往密切还是泛泛之交，不管是同性朋友还是异性知己，温庭筠对他们皆是重情重义。

第四节

还似昔年残梦里——《宿城南亡友别墅》

水流花落叹浮生，又伴游人宿杜城。

还似昔年残梦里，透帘斜月独闻莺。

这首诗是温庭筠为悼念自己的朋友李处士而作的。在长安的日子里，李处士陪伴他度过了许多难熬的时光，也和他探讨了许多人生的困惑。朋友不仅是一种陪伴，也是一种学习。李处士的去世，让温庭筠觉得自己损失了一件瑰宝。为了纪念这位朋友，他写下了许多诗篇，这首《宿城南亡友别墅》就是其中之一。

“那一年，我们俩望着流水和落花，一同感叹浮生若梦，人世间的变化与大自然的变化多么相似啊。今天我又来到这里，流水还在，花落了明年还会再开，但是朋友，你已经飘然远逝，只剩我独自在这里感叹落花和流水，昔日你我在一起谈天说地的情景只有在梦中寻觅了。只有在梦境中，我才能与你再次相逢，这是多么美妙的感受啊。但是，一缕月光斜斜地穿透珠帘，黄莺的鸣叫打断了我的回忆，你也消逝在杳无边际的梦境之中。”

这首诗是抚今追昔的代表作品，全诗弥漫着作者浓浓的悲伤之情。朋友的音容笑貌似乎还在，一切仿佛还在昨天，但残忍的黄莺却提醒作者“去了，去了”，怎能不让作者悲伤呢？自然的变化和朋友的逝去让温庭筠更觉人生无常、漂泊不定，自己曾写诗祝朋友寿比南山，可朋友竟然这么快就走了。他不禁联想到自己，自己的明天又该去往何方呢？自己将来又会葬于何处呢？朋友逝去带给自己的孤独和寂寞又该如何寄托呢？

在鄠郊的日子里，朋友是温庭筠最大的慰藉。他非常重视友情，一生中结交的朋友很多，上至达官贵人，小到无名百姓；既有文人雅士，又有宫女歌伎。他的朋友遍及五湖四海，长安、江南、蜀地、边塞……到处都有他的朋友。除了他的政治理想，朋友是他最大的寄托。因此，太子被抓时，他冒着生命危险也不愿揭发太子。李德裕去世后，他写了多首诗词悼念这位丞相。就算他知道这样做会影响他的政治前途，他也没有因此而出卖朋友。因为他心中非常清楚，自己的前途和友情是两件事，这两件事情是不能交易的。所以，李处士去世后，他也写了多首诗词，这一首首诗词皆证明了他对朋友的珍视之情。在没有朋友的日子里，这些诗词成为他的另一种寄托。

第五节

急泉清露沙——《题卢处士山居》

西溪问樵客，遥识楚人家。
古树老连石，急泉清露沙。
千峰随雨暗，一径入云斜。
日暮飞鸦集，满山荞麦花。

这首《题卢处士山居》又名《处士卢岵山居》，也是温庭筠在长安鄠杜郊居闲居时拜访朋友居所时所写。这首诗依然是以景写情，没有直接写卢岵处士，也没有直接写作者的心情，只是描写卢岵处士居所的景色。

“在小溪处我停下了脚步，不知前面该怎么走，连忙问经过的一个樵客可知前面卢处士的家怎么走。经过樵客的指点，我继续前行。一路上，古朴的参天大树仿佛是与石头连着长起来的，树根缠绕着石头。泉水很清澈但流得非常湍急，水面上的浮土和树叶全都被冲走了，水底的沙子和石头清晰可见。抬头向远处观望，一座座山峰在雨中显得昏暗朦胧。通往卢处士山居的小路幽深狭长，弯弯曲曲的看不到头，好像一直通往烟云深处。已是黄昏时分，一群群乌鸦在周围飞来飞去，漫山遍野都是白色的荞麦花。”

这首写景诗非常闲适，与《题李处士幽居》不同，在这里作者没有经世济国或归隐等杂念，只有闲适的心情，所以看什么景色都是美的。诗的开头说作者向樵客打听卢处士的家该怎么走，这里为什么用“樵客”而没有用“樵夫”？一是说明这位樵客不是普通人，或许也是一位隐士；二是说明作者对樵夫的尊重，因为“樵客”是一种尊称。而“遥识”则说明卢岵处士的家非常幽深偏僻，和后面的“一径入云斜”相对应。而且这样写对诗的气氛有一定的渲染作用，使整首诗看起来更雅致。

接着就是作者一路上的所见，先是近景的描写。古树磐石，说明树木已经非常古老，那么这座山也就非常久远了，而卢处士在这样的地方居住，当然是隐居，一位隐士的形象不经意间就被作者给带出来了。而湍急的河流、清澈的泉水，则表明了山的宁静和干净。这是一个非常适合隐居的地方。这里的“老”字和“清”字形成一种对比：“老”是静止的、没有变化的，而“清”则是流动的、变化的。这样的对比更显出山的高古和清幽，诗的气氛再次被烘托。

然后是远景的描写。“千峰随雨暗，一径入云斜”，这两句更有意境。“千峰”指山峰很多，且在雨中看不清楚，突出山的朦胧。“一径入云斜”则和“千峰随雨暗”相对照，山峰很多，而路却只有一条，还很长很长看不到尽头。这样的对比更显出山的雄伟、高耸，也突出了到达山顶的艰难。

最后两句又回到近景。已经黄昏时分了，鸟都散了，在身边飞来飞去。卢处士家可谓幽深，作者已经走到黄昏时分，却还没有走到卢处士的居所。最后一句再次渲染山中的美好景象，到处开遍了白色的荞麦花，白天白色的花不显眼，到了日暮时分，才看到满山的荞麦花。这荞麦花有可能是卢处士种的，卢处士家很可能不远了，也说明卢处士并不是不食人间烟火，同时也暗喻卢处士的品格向白色的花一样高洁。

至此，山的古朴、幽静、美丽被作者渲染得淋漓尽致，而卢处士高洁的隐士形象也呼之欲出。

这首诗的层次非常清晰，从开始的开门见山，到从近景开始，再到远景，然后再回到近景，作者的布局可谓错落有致，景物虽多却一点都不乱。通过描写景物间接刻画卢处士的古朴生活和高洁品格，作者的描写可谓是非常成功的。

而这首诗又再次充分地证明，温庭筠对以景写情、以景写人非常擅长，在不露痕迹之间就巧妙地刻画了人物。

在长安闲居的日子里，看朋友、写诗词就是温庭筠的生活状态。在这段时间里，也许他需要歇息一下，需要总结一下自己的人生。

第六节

从此谯周是老臣——《经五丈原》

铁马云雕共绝尘，柳营高压汉宫春。
天清杀气屯关右，夜半妖星照渭滨。
下国卧龙空寤主，中原得鹿不由人。
象床宝帐无言语，从此谯周是老臣。

要读懂这首诗，需要先了解一下五丈原是什么地方。五丈原在今陕西省宝鸡市岐山县城南。三国时期，诸葛亮率兵攻打魏国，在五丈原屯兵，在渭水南岸与魏军对峙达一百多天，最后积劳成疾而病死在军中。诸葛亮为国家鞠躬尽瘁、死而后已的精神以及他非凡的才智赢得了无数人的敬仰。《经五丈原》一诗就是温庭筠在凭吊五丈原诸葛孔明祠时所作的。

诸葛亮率领浩浩荡荡的北伐大军向魏军挺进，蜀国的军队纪律严明，气势雄伟，又有诸葛亮运筹帷幄，对魏军构成极大的威胁，汉宫长安一片恐慌。正当蜀国的军队安营扎寨就绪、战事进行得如火如荼之时，统帅诸葛亮却因积劳成疾而不幸病逝。他的去世立刻影响了整个战局，蜀军陷入了不可逆转的困局。北伐没有成功，诸葛亮壮志难酬，并非是因为他没有才能，而是因为刘后主刘禅一意孤行，多次不听他的劝告。诸葛亮去世以后，人们把他的塑像放在这个祠庙中来膜拜，虽然他死后获得很高的名誉和威望，但却再也不能参与国事了。诸葛亮去世以后，刘禅信任谯周，而谯周以妖言迷惑后主，昏庸的后主却将他视为忠心的老臣一般加以宠信。

作者歌颂诸葛亮，却并没有写他的戎马一生，而是把镜头对准五丈原。诗的开头非常有气势，“铁马”、“云雕”、“柳营”，有这些具体的形象做铺垫，马上对敌军造成一种泰山压顶的感觉。“高压”一词本来非常空洞、抽象，经温庭筠这么一写，立刻让人对这一词语有了实感。前两句雄伟，后两句悲怆。“天清杀气”，说明战事发生在秋高气爽的秋天，也说明战时乌云密布，战况非常紧张。就在这最关键的时刻，灾难却降临到了诸葛亮头上。“夜半妖星”是一个传说。传说诸葛亮去世时，天空有一颗很大的星星名曰“赤而芒角”，坠落在渭水的南岸。这一句也暗示巨大的灾难即将降临到蜀国的军营中。诸葛亮的去世使战局迅速发生转变，北伐战争最终失败。

前面这六句勾勒出诸葛亮在最后的岁月里运筹帷幄，出师未捷身死的情形，最后一句才转入议论，但这议论也是以历史事实为依据的。诸葛亮戎马一生、殚精竭虑，却无法说服昏庸的刘禅，这多么让人无可奈何啊。现在，祠庙中的诸葛亮沉默不语，再也不能为蜀国尽力了。最后一句才写明蜀国真正的灾难是什么。诸葛亮死后，后主刘禅宠信谯周，对他言听计从，在他的怂恿下，蜀国向魏国投降。诸葛亮本是蜀国的“老臣”，现在把谯周也称作老臣，是对他的讽刺。这里是拿诸葛亮和谯周做比较，如此对比的手法比直接的批评指责效果更加强烈。

温庭筠通过这首诗表达了对诸葛亮的敬仰以及对刘禅的斥责。他的诗词很少直接议论，基本上都是留下空间给读者去思考。这首诗中有少有的议论，但也是夹叙夹议，和一般抽象的议论不同，而是用历史事实支持自己的观点。这首诗和《苏武庙》有相似之处，把一首悲歌写得慷慨激昂，把诸葛亮最后的时刻写得如此动人。无论是从情感的深厚感人，还是从构思立意的巧妙上看，这首诗都可以和杜甫的《蜀相》相媲美。

这首诗也寄寓着作者对晚唐社会的警示，警示当权者切莫做刘禅那样昏庸的君主，切莫重用谯周那样不忠的大臣，要善于倾听像诸葛亮这样为国家鞠躬尽瘁、死而后已的大臣的建议，唐朝才不会陷入蜀国那样的境地。这里也寄寓着作者对李德裕这样的忠臣的怀念，对那些玩弄国家政治的小人的谴责，提醒皇上莫要偏听偏信，一定要分清谁是忠臣，谁是出卖国家的小人。

这首诗作于何时，不得而知。温庭筠何时去过陕西，何时凭吊过五丈原，其经历中并无明显说明。因此，这首诗可能是作于闲居鄠郊时期。

第七节

春风还为起微波——《春日偶作》

西园一曲艳阳歌，扰扰车尘负薜萝。

自欲放怀犹未得，不知经世竟如何？

夜闻猛雨判花尽，寒恋重衾觉梦多。

钓渚别来应更好，春风还为起微波。

从题目上看，这是一首描写春天的作品。但这不是吴中的春天，也不是温庭筠游历到某一个地方的春天，而是长安的春天。温庭筠无数次歌颂过春天，但在这首诗里，他似乎不太喜欢这里的春天。

在一个艳阳高照的春天，本应该尽情享受明媚的阳光，然而此时的长安到处都是车马人群，车马经过之处尘土飞扬、一片混乱，让人不胜其扰。困在这长安城里，还不如去深山野林隐居。真想放下一切心中杂念和名利得失，然而却终究做不到，因为经世济国的理想还未实现。夜里听到一阵狂风暴雨，花儿应该都被雨水打落了吧。初春的夜里还是十分寒冷的，盖着厚厚的被子入睡，梦做了一个又一个。睡梦中依稀看到钓渚那里的春光更好，春风使池水荡起微微的波澜。

在这首诗里，作者为我们描写了一种归隐和经世两不得的心境。头一句“西园一曲艳阳歌”，这本来是在歌颂春天阳光明媚，但“艳阳”一词告诉我们阳光似乎过于强烈，让人感到燥热烦闷。我们可以想象一下，在热辣辣的太阳下面，大多数人都会睁不开眼并皱着眉头，这里就暗喻了作者的心情其实并不是很好。果然，下句“扰扰车尘负薜萝”道出了作者此时真正的情绪：“这城里有什么好，这么多车马乱糟糟的，真是辜负了我隐士的情怀。”这里道出作者有归隐山林的念头，可他马上又说：“想归隐又做不到，因为我还有名利之心啊。”作者的心情是何等矛盾。“夜闻猛雨判花尽，寒恋重衾觉梦多”，现实虽然很残酷，但人的杂念却很多。其实山村野林的风光更好，但人还是不愿意放下一切去归隐。

从这首诗里，我们完全了解了温庭筠纠结的心情，一方面很想去归隐，一方面又放不下经世济国的理想，他大概一生都在这种矛盾中挣扎吧。在这首诗中，温庭筠的这种纠结被描写得更加透彻。大概他是双重性格，既爱四处游历，享受旅行途中的自由自在；也爱待在繁华的城市中，出入热闹的官场甚至烟花巷陌。所以，他一生都徘徊在这两种生活状态之中。不过他心中更牵挂的应该还是经世济国，走向仕途，不然他就不会在屡遭挫折之后还不肯归隐。真正的隐士不会为要不要归隐这个问题而纠结，他们即使身在繁华的闹市中也能有一颗恬淡的隐士之心。因为“小隐隐于野，大隐隐于市”。而不管是小隐还是大隐，温庭筠其实都做不到。他一生奔波劳碌，累却不疲，正是因为他不愿归隐，只想经世济国，甚至“不到黄河心不死”。

这首诗就透露了温庭筠这样的心境。这时候的他困在长安城中，内心极不平静，犹如热锅上的蚂蚁，所以他看着明媚的阳光才会烦躁，看着车水马龙才觉得是一种烦扰。而晚上听着雨声，盖着厚厚的被子不停地做梦，则是因为不平静的心情影响了他的睡眠。在这样的状态下，他是很难去归隐的。他在作品中几次提到归隐，不过是发泄或转移情绪而已。真正想归隐并且能做到的人，就不会在这里一次又一次地诉说了。

从这首诗可以看出来，温庭筠的心情非常烦躁，长安城对他来说只是一个牢笼，而他犹如一只困兽，渴望挣脱这孤寂无望的生活。温庭筠对自己的要求很高，他要的不只是活着，还要活得有价值。而无所作为的日子让他觉得没有任何价值，所以他在等待，等待一个机会。对目前的他来说，没有任何人可以帮他，他唯一的机会就是再次参加科举考试，凭此走上经世济国的道路。年近五十岁的他，终于迎来了这个机会。

第七章

累身权贵，屡试不第

温庭筠没想到，再次参加科举考试的结果会是这样：一次、两次、三次、四次……他都落榜了！连续四次都没有考上，是温庭筠的学识不够吗？他的才华早就得到了主考官们的赞赏，但为何会次次落第呢？这背后有什么猫腻呢？原来，多年前太子李永的事件又影响了他的成绩。正当他感叹命运如此不公时，又不小心得罪了丞相和皇上。虽然考场失意，可温庭筠词坛得意，他的十四首《菩萨蛮》受到皇上的好评，从此历史上的“花间鼻祖”诞生了！

第一节

入骨相思知不知——《新添声杨柳词二首》

其一

一尺深红蒙曲尘，天生旧物不如新。

合欢桃核终堪恨，里许元来别有人。

其二

井底点灯深烛伊，共郎长行莫围棋。

玲珑骰子安红豆，入骨相思知不知？

这是两首乐府词，清人曾益等所著的《温飞卿诗集笺注》中说：“庭筠与裴郎中友善，为此词，饮筵竞唱打令。”可以得知，这两首乐府词是温庭筠与朋友裴减欢宴时为所唱小曲填的词。

我们先来看第一首。深红色的裙子配以浅黄色的衣服，红黄两色相互映衬，多么漂亮啊。情窦初开之时，更愿意以新衣打扮自己，因为喜新厌旧是人的天性。但纵然衣装旧不如新，人却还是故人好，只可惜不是人人都明白这个道理。看着眼前的桃核，虽然外为心形，但可恨的是这里面却有两个桃仁，就像自己的心上人心中还有别人一样。

这首词借“新衣”和“核桃”对喜新厌旧、对爱情不忠的人进行谴责和讽刺。首句由少女美丽的新衣说起，有了新衣谁都会丢弃旧衫，暗指人在感情世界里也是“喜新厌旧”的。“里许元来别有人”，这个“人”有双关之意，既指核桃仁，又指人。核桃本来象征着相爱的男女，经常被当作定情信物，但相爱的男女中间还有第三人，看来旧人也不如新人。就算手中有定情的“合欢桃核”又能如何呢？不过是空留遗恨罢了。这首词将对负心之人的怨恨、讽刺和劝诫巧妙地表达了出来。

我们再来看第二首。相比第一首，第二首表达得更加直白。“昔日，你我点灯相照，我曾深深地嘱咐你，莫忘了我在等你，分别后一定要如期归来。现在，归期已到，可你并没有如约归来。看着骰子上面的一颗颗相思豆，心里不禁在问：‘我心中痛彻心扉的相思，你知道吗？’”第一首词是谴责和讽刺，而这一首则是痛苦的质问，比起第一首，这首中主人公的情绪更加直接和强烈。词中仍然用了双关语：“烛”暗含“嘱咐、嘱托”之意，“围棋”谐音暗指“违期”，骰子上的红点是相思豆，聪明的读者读到这些隐喻自会有所联想。最妙的是最后一句“入骨相思知不知”，一句撒娇式的埋怨把主人公的深情、委屈描写得惟妙惟肖。以问句形式结尾，使全文的情绪得到升华，令读者深刻体会到主人公盼望心中人早日归来的焦虑心情。“知不知”三字尽显主人公的离别之苦、相见之难和相思之深，纵有诸多之苦，却没有人可以诉说。尾句既有力量，收得自然，又意犹未尽，实为点睛之笔。

这两首词既直接又含蓄，作者使用双关语完全是信手拈来，为全诗增色不少，既独树一帜又别有情致。在表达爱情的时候，既不能过于直白，让人无法接受，也不能过于含蓄，让人不明白其中深意，而是要恰到好处，既有意境和美感，又让人能充分体会到所表达的意思。在这一点上，温庭筠把握得特别好。他能通过隐语、双关等修辞手段，把感情中的细腻和深刻表达得恰当而又彻底，让读者能完全体会到主人公的情绪，这就是他的功力。所以，读温庭筠的作品，一定要细细体会，不可囫囵读之。

不过，委婉、含蓄、有情趣是少数能够读懂之人对这两首词的评价，大部分人的评价并非如此，皆认为这两首词简直就是侧艳之词、靡靡之音。这是为何？

温庭筠写这两首词时正是他再次来到京城参加科考之时。开成四年（公元839年），他曾经参加过一次科举考试，却因卷入政治斗争并被小人诬陷而等地罢举。大中二年（公元848年），他再次参加进士考试。考试前，主考官丰敖就公开表扬他的诗作和文章，但即便是这样，他还是再度落榜。这次又是什么原因呢？原因之一就是有人反映他的作品乃侧艳之词、靡靡之音。温庭筠本人与无赖子弟裴減、令狐滈之徒交好，常常与他们醉酒赌戏，饮筵竟唱，席间写一些诗词助兴。《新添声杨柳词二首》就是温庭筠与裴减欢宴时为所唱小曲填的词，这首曲词在现代人看来已经算是委婉含蓄的了，但在当时，曲词乃是新兴之物，其内容、风格从表面来看确有侧艳之词之感。

因此，有人以温庭筠品行不端、写侧艳之词为名检举他，影响了他在考试中的名次。温庭筠第一次参加进士考试时，某些人就拿他游历淮上时一些不当的行径来诬陷他。这次，这件事再次被翻了出来，而他亦再次受到这件事的影响。因此，大中二年（公元 848年）的这次考试，他又一次落第。对此，温庭筠心中愤恨难平，他没想到，十几年前的一桩旧事竟然影响了他一生。

不过，有人诬陷他虽是事实，但温庭筠那时写的部分诗词或歌词在今日看来也确实有些露骨，例如："思量大是恶姻缘，只得相看不得怜。愿作琵琶槽那畔，美人长抱在胸前。""独房莲子没人看，偷折莲时命也拼。若有所由来相问，但道偷莲是下官。"这类词作确实肤浅庸俗，没有什么意义，也难怪有人会以此作为攻击和中伤他的借口，实在是他性格中的弱点所致。

总之，温庭筠渴望了很久、准备了很久的科举考试再次落第。而这，只是他再次卷土重来后的第一次落第。

第二节

绿窗残梦迷——《菩萨蛮·玉楼明月长相忆》

玉楼明月长相忆，柳丝袅娜春无力。门外草萋萋，送君闻马嘶。

画罗金翡翠，香烛销成泪。花落子规啼，绿窗残梦迷。

许多熟知温庭筠的人都知道，《菩萨蛮》系列词作是温庭筠一生中非常重要的作品。这十四首《菩萨蛮》不但艺术技巧精湛，彰显了他一生的艺术成就，而且对他一生的命运也有重大影响。

我们先看看这首作品里写的是什么：“倚着白玉楼，望着天上的一轮明月，我又陷入了回忆。明月如昼，楼外柳丝婀娜多姿，低垂摇曳，春天快要过去了，连春风都显得无力。门外，芳草萋萋，我又想起那天与君离别时马鸣萧萧的情景。罗帐上绣着金色的翡翠鸟，蜡烛燃烧殆尽化为一滴滴的眼泪。花已凋谢，杜鹃鸟也在不停地叫着：‘不如归去，不如归去。’此时，窗内的人眼神迷离，哀思绵绵，等待着离去的人早日归来。”

温庭筠曾作《菩萨蛮》十四首，这是其中之一。开头“玉楼明月长相忆，柳丝袅娜春无力”，主人公进入一种梦境似的回忆。结尾“花落子规啼，绿窗残梦迷”，主人公的梦醒了。中间的描述皆可能是主人公的梦境。从“玉楼明月长相忆”开始，作者就把读者带入离别伤悲的情绪中，“春无力”三字既是描写春天的慵懒，又是说主人公长久陷入思念的情绪中无法自拔，身心俱疲。

这首词以景代叙，“玉楼明月、柳丝婀娜、青草萋萋、马嘶啸啸、金翡翠、香烛泪、残花落、子规啼”，景色不可谓不凄美，可景色越美就越显得这一切是那么不真实，所以最终“残梦迷”，主人公更加痛苦。词中物象俱美，用词清丽，一个个富有特征的景物构成了独特的艺术境界，让人读起来更觉得意味深远。陈廷焯曾评价这首词“字字哀艳，读之魂销”，这么说一点都不夸张。

从词中的内容看，这只是一首闺怨词，没有任何抨击社会、讽刺现实的政治内容，怎么会影响温庭筠的命运呢？要回答这个问题，我们必须要了解一下这首词的创作背景。温庭筠作这首词的时候正值考试不第，他不只写了一首《菩萨蛮》，而是十四首。温庭筠写这十四首《菩萨蛮》不是用来独自欣赏的，也不是写给普通人的，而是特别为皇上写的。因为唐宣宗特别爱吟唱《菩萨蛮》，当时的丞相令狐绹想拍皇上的马屁，就令温庭筠写了十四首《菩萨蛮》敬献给皇上，并告诫他，这个秘密不可以告诉别人。谁知，皇上看到这十四首《菩萨蛮》后特别喜欢，大为赞赏。温庭筠不想让这功劳被令狐綯全占了，就到处宣扬说《菩萨蛮》是他写的，惹得令狐綯大为不满。温庭筠本来和令狐綯的关系还不错，因为他和令狐綯的儿子令狐滈素有来往，之前也经常出入令狐綯的府中，可自从发生这件事以后，令狐綯就疏远了他。

温庭筠得罪令狐綯的事情还不止这一件。还有一次，皇上问令狐綯"金步摇"怎么对才好，丞相大人无言以对，就问温庭筠，温庭筠说可对"玉条脱"，皇上一听觉得不错，很是高兴。不过丞相大人实在是学问不精，不知这"玉条脱"出于何处，回来后就又问温庭筠。温庭筠吃惊地说："《南华经》啊！"然后又讥讽令狐綯说："《南华经》又不是什么生僻的书，难道丞相大人没有读过吗？丞相大人即使公务再忙，有空也该读读书。"一句话说得令狐綯灰土灰脸，从此越发讨厌温庭筠。而温庭筠也因此为他的恃才傲物付出了沉重的代价。

温庭筠在大中二年（公元848年）参加进士考试落第后，又分别于大中四年（公元850年）、大中七年（公元853年）和大中九年（公元855年）参加了进士考试，均一一落第。难道温庭筠的文采这么差吗？不可能！连皇上都夸奖的温庭筠怎么可能次次落第。而且，每次考试之前，主考官都对他的文采称赞有加，他又怎么可能落第呢？温庭筠落第的原因除了我们曾说过的写侧艳之词外，又有人给他加了一条——"有才无行"。于是，有人向皇帝建议"不宜予第”，而这个向皇上建议的人就是丞相令狐绹。

温庭筠确实有才华，可是他恃才傲物，性格放浪不羁，不懂得圆滑处世和收敛自己的言行，这些都成了他人生的绊脚石。他得罪丞相，是他屡试不第的第二个原因，这个原因比之“写侧艳之词，被小人诽谤”更让他翻不了身。多年后，温庭筠在《李羽处士故里》这首诗里写道：“终知此恨销难尽，辜负南华第一篇。”可惜，那时后悔晚矣。

第三节

玉关音信稀——《菩萨蛮·翠翘金缕双鸂鶒》

翠翘金缕双鸂鶒，水纹细起春池碧。池上海棠梨，雨晴红满枝。

绣衫遮笑靥，烟草粘飞蝶。青琐对芳菲，玉关音信稀。

“一对紫鸳鸯身披金色的羽毛，翘着翠绿色的尾巴，在碧波荡漾的水面上游来游去，所经之处，激起细细的水纹。岸边的海棠花开了，红红的花朵挂满了枝头，在雨后的晴朗天空中显得更加耀眼，仔细看去，花朵上还挂着清澈的水珠。一位美丽的少女羞涩地用自己的衣袖遮住脸颊上的酒窝，飞蝶迷恋春色，在烟草地上飞来飞去。住在这华贵的家里，如今又正是美好的时节，可你却远在边塞没有一点消息。”

这首词描写了一幅生机勃勃的春日景象。春雨过后，海棠花非但没有落，反倒挂满了枝头，真是“春色满园关不住”。不过，如果我们只是把这首词理解为描写春天的美景之作，那就太肤浅了。词的开头写了一对鸂鶒，鸂鶒就是鸳鸯，鸳鸯是象征爱情的鸟儿。但鸳鸯并非暗示闺人独处，而是暗含着欢情。作者正是用明媚春光、良辰美景来衬托人情的欢愉，因为写闺情的词作必须用景色来衬托，才会有婉约之美。

这首词的上阕就为读者描绘了一幅春天的美景，到下阕人物才出现。而人物既有形，又有神，亦有动作，还有对动作的掩饰，“绣衫遮笑靥”五个字把一个少女内心的娇羞和慌乱描述得形神兼备、淋漓尽致。“绣衫”当然不仅仅说的是少女的衣饰精致华丽，更是承接上阕，继续写人情的欢愉。不过，上阕以景写情，下阕则直接让情跳跃出来。上下阕之间看似情景交替，但意境非但没有消失，反而更加浓烈。

写词需具备三个特点：一是要有情，二是要有韵，三是要有气。情要缠绵但不能靡靡，韵需飘逸但不能轻浮，气要动宕但不能放荡，温庭筠在自己的这首词里很好地诠释了这几个特点。“绣衫遮笑靥”这五个字可以说是整首词的关键。

而“烟草粘飞蝶”则是把“绣衫遮笑靥”的深情远韵推向了极致。作者用“粘”来形容蝴蝶对阳春烟景的迷恋，暗示男女主人公之间深情无限。最后两句则是追怀，昔时的缱绻深情已是过眼云烟。

整首词景色幽美，气象清新，情感炽热。动景和静景相互交替，色彩有浓有淡。字字是景，句句含情。温庭筠可谓写闺情词的高手。

在创作这十四首《菩萨蛮》期间，温庭筠总共参加了四次进士考试。虽然次次落第，但他的名声却很响。不光皇上、丞相、大臣们知道他的才华，和他一样参加进士考试的考生们也惊叹于他的文采，但考官们却有点怕他，这又是为何？原来，温庭筠除了有才华之外，还有个乐于助人的美德，尤其喜欢在考场上助人。他每次答完自己的题目后，都会看看旁边的考生们答得怎么样，有没有不会的，然后就替那些不会的考生们答题。这样的事情还不止一次，温庭筠因此得了一个外号，叫“救数人”，经常一次帮助好几个考生。但这不是违反考场纪律嘛！考官们当然不答应，因此就判他为不中。

最离谱的是在大中九年（公元 855 年），温庭筠又去参加进士考试。因为他之前就曾经“救数人”，所以这次主考官为防止他再次“助人”，就给了他特别待遇，让他一个人在帘下考试，让他和其他考生保持距离。这让温庭筠非常郁闷，心想：“你们这样做我就没有办法了吗？”傍晚交卷的时候，温庭筠潇潇洒洒地写完了自己的文章，然后告诉考官说，今天自己发挥得不是太好，只不过用口授的方式帮了八个人。考官们一听，脸色立马变得特别难看。就这样，温庭筠能考上吗？自然又落第了。

所以，温庭筠的屡试不第虽然有外界的因素，但是他自身的原因也很多。他自身性格上的弱点和为人处世的不足，使他人对他看不顺眼，也给了他人落井下石和报复他的机会。最后，温庭筠也有点破罐子破摔了，他明知道帮助其他考生会影响自己的成绩，却还是要这么做，可能他内心里就是要和考官、朝廷以及那些看他不顺眼的人作对。他倒是解气了，但却为此付出了沉重的代价。至此，温庭筠彻底放弃了参加科举考试的梦想。

但此时的温庭筠还能有什么梦想呢？他已经五十五岁了。

第四节

暂来还别离——《菩萨蛮·蕊黄无限当山额》

蕊黄无限当山额，宿妆隐笑纱窗隔。相见牡丹时，暂来还别离。

翠钗金作股，钗上蝶双舞。心事竟谁知？月明花满枝。

女子的额头上点点蕊黄，昨日的妆容还残留在脸上。隔着纱窗看到她正在隐隐浅笑，似乎想起了什么美好的事情。他们是在牡丹花开的时候认识的，但刚刚认识就匆匆分别了。她头上戴的是翡翠镶嵌的金钗，钗脚是以黄金制成的，钗上的装饰是一对翩翩起舞的蝴蝶。连蝴蝶都可以成双成对，为什么她要这么孤独呢？此时的月光是那么明亮皎洁，庭院里的树枝上开满了花，可是有谁能体会她此刻心中的孤独呢？

这首词依然是写思妇离情的。

从作者的描写来看，女子形象娇美，妆容华贵。“蕊黄无限当山额”，女子化着当时最流行的妆容。“宿妆隐笑纱窗隔”，女子浅浅低笑，姿态慵懒，但似乎没有什么情绪，因为她的容颜上还留着昨天的残妆，说明女子已经起床了，但还没有梳洗。“隐笑”二字说明女子笑中带着一丝愁苦，表明她有烦忧的事情。

下一句就告诉了我们女子的烦忧是什么。“相见牡丹时，暂来还别离”，和她的心上人刚刚相识就已经分别了。“牡丹”是双关语，既是说花也是说人，有好花不常在、好景不常在的意思，表明美好的事情总是那么容易逝去。“暂”就清楚地表明相见的短暂，而“还”字则说明分别的匆匆。“相见牡丹时”的种种欢笑与美好很快就逝去了，这是女子伤感的原因。

下阕则以饰物和美景渲染女子的伤感。女子头上的金钗非常华贵，但作者在这里着重描写金钗，并不是为了追求华丽的辞藻，也不单单是为了表现女子穿戴的贵重，而是以金钗暗示女子和她的心上人情比金坚。而“蝶双舞”更是为了反衬女子内心的孤独和寂寞。最后两句更是把女子的伤感推向了极致。“心事竟谁知？月明花满枝。”这两句是倒装句，意思是说对着天空的明月和满枝繁花，也无从诉说她的心事。但作者却把这两句反着来写，是为了强调“心事”二字。

整首词透露着女子对往日感情的追忆和叹息，“竟谁知”三个字把女子的这种感觉表达得淋漓尽致。写到这里，整首词似乎已经非常完整，情感也表达得非常饱满，似乎可以结束了，但作者又追加了一句“月明花满枝”，再次强调了女子这种无人知晓又难与人诉说的情感。所以，“月明花满枝”表面上看是写美景，实际上是写寂静深夜，良辰美景只是虚设，以沉默的景色来应对女子内心无人诉说的寂寞。整首词融情思于眼前之景，意境凄迷。

中国人表达情感讲究含蓄，但含蓄并非没有力量，含蓄的感染力有时比直接的宣泄更加强烈。温庭筠是善于表达含蓄美的，尤其是这首词，充分体现了一种隐约含蓄之美，这是温庭筠一直追求的。这种表达方式的最大好处就是读起来非常优美，让人忍不住反复吟诵，品味其中的意境，给人留下意犹未尽的遐想。而用含蓄的方式来表达悲伤，会让人觉得悲伤更重，因为真正的伤都是说不出来的。温庭筠深知这一点，所以他从不肤浅地到处诉说悲伤，而是把悲伤隐藏于主人公的眉宇之间，隐藏于沉默不语的景色之中，而用这种方式表达的情感往往让人觉得更加深刻。

温庭筠是如此钟爱描写女子的悲伤，一方面是因为他性情敏感细腻，能对女子的内心世界感同身受；另一方面则是因为他心中有更多的悲伤，但他的悲伤已经沉重得不知该如何诉说，不知该向何人诉说，所以只能借自己的诗词来表达，而女子伤离别或许是他找到的一条最便捷、最合适的渠道。这就是当作家的好处，可以借自己的作品向世人表达自己的内心世界和爱恨情仇。

这首《菩萨蛮》是写给皇上的，而对皇上，温庭筠有着莫大的悲伤，他一生不为朝廷所用，所以他对皇上的怨恨不亚于一个女子对负心人的怨恨。他写了那么多闺怨诗词，首首表达的皆是对皇上的无奈和控诉。所以，不要轻易为温庭筠贴上只会写“儿女情长、靡靡之音”的标签，而应揭开标签的伪装，去认识一个真正的温庭筠。

第五节

春梦正关情——《菩萨蛮·杏花含露团香雪》

杏花含露团香雪，绿杨陌上多离别。灯在月胧明，觉来闻晓莺。

玉钩褰翠幕，妆浅旧眉薄。春梦正关情，镜中蝉鬓轻。

雪白的杏花香气扑鼻，上面还挂着清澈欲滴的露珠，朵朵杏花团簇在一起，景象诱人。在这样的夜晚，独坐闺中的少妇正在思念自己的心上人，朦朦胧胧中她仿佛进入了梦乡。梦境中，她看到绿树成荫的大路上有人正在分别，这样的场景已经不是第一次出现在她的梦中了。突然，她从梦中醒来，眼前是昏暗的烛光，窗外是朦胧的月色，晓莺在啼叫，声音是那么地恼人。

少妇坐了一会儿，走到窗前，天还未亮，她用玉钩勾起绿色的窗帘。她慵懒地坐在梳妆台前看着镜中的自己，妆已经淡了，原来画的眉毛的颜色也快要没有了，她又懒得重新画上。梦境中的景象其实就是自己的情怀，她凝神望着镜中的自己，头发好像掉了不少，所以鬓发像蝉翼那样薄。

这首词写了一个饱受相思折磨的闺中女子。她体态慵懒，无精打采，面容憔悴，头发稀少，看来，相思之苦使她痛苦不堪。在这“杏花含露团香雪”的明媚春光里，主人公低落的心情与生机盎然的春天形成鲜明对比，景色的美更衬托出主人公的凄苦。

和作者的其他诗词一样，这首词依然只做客观描写，描写了春天的美景、主人公的生活环境和行动，从中体现了主人公深刻的情感和强烈的情绪，依然是以景写情，让读者从景中去体会主人公的情。

温庭筠的《菩萨蛮》系列首首精品，这首词不仅受到了当朝皇帝汉宣宗的称赞，也受到了后世许多名家的好评。明朝的汤显祖评价这首词“得画家三昧，此更觉微远”，而清朝的陈廷焯则评价其“凄凉哀怨，真有欲言难言之苦”。可见，温庭筠在写词上的造诣已得到公认。可是，造诣如此之深、才华如此之高的温庭筠却屡屡科举不第，这不能不说是一种讽刺。

或许，这就是命运的另一种公平。它给了你其他人难以媲美的才华，就不会给你完美的性格。才华使你有了一篇篇惊世的作品，但性格却决定了你多舛的命运。温庭筠不懂得夹着尾巴做人，不懂得在关键时刻要适当低调甚至服软，他是有个性的，但他的个性有时会扎着别人，同时也伤了自己。锋芒毕露的人终究会为自己的个性付出代价，所以要学会完善自己的性格，让其成为助自己腾飞的翅膀，而不是让自己跌倒的绊脚石。温庭筠应该是懂得这个道理的，但“江山易改，本性难移”，他一生都无法改变恃才傲物、放荡不羁的性格。直到年老，他仍然在犯同样的错误。所以，他一生命运坎坷，这不仅是时代的悲剧，也是他的性格使然。

这首词中的女子饱受相思的折磨，朦胧中入梦，又从梦中醒来。温庭筠何尝不是在经受现实的折磨，他一次次对未来重燃希望，却又一次次失望。这其中的落差一次次冲击着他的内心，使他快要无力承受。所以，这些伤感的诗词以及缠绵悱恻的儿女情长，绝不是他的无病呻吟，更不是矫情的自伤，而是他对这无力改变的残酷现实的微弱呐喊。他不能声嘶力竭，只能气若游丝。我们只能耐心地去倾听，放下一切对他既有的成见去倾听，如此才能听到他内心真正的声音。

第六节

花面交相映——《菩萨蛮·小山重叠金明灭》

小山重叠金明灭，鬓云欲度香腮雪。懒起画蛾眉，弄妆梳洗迟。

照花前后镜，花面交相映。新帖绣罗襦，双双金鹧鸪。

弯弯的眉毛紧蹙着，头上的额黄快要脱落了，看起来时明时暗的。鬓发松得像云彩一样，雪白的脸颊被散落的头发半掩着。看来，主人公是刚刚醒来的，尚未梳洗。刚刚起床，主人公当然是懒洋洋的了，故“懒起画蛾眉”。懒懒地起来开始画眉，梳妆打扮。“弄”字更显出主人公的慵懒，因为懒，所以迟迟才梳妆。主人公的心绪和神情全部包含在这一个字里。头上插了一朵鲜花，拿着镜子在前面照照，又在后面照照。镜子中，鲜花与脸颊互相映衬。换上新绣的罗衣，忽然看到罗衣上绣着的一双双金鹧鸪。

这是一首闺中词，写一个闺中女子早起慵懒地梳妆打扮的情景。整首词给我们的感觉就是慢吞吞、意迟迟。看来女主人公是懒得起床，无心打扮。值得留意的是最后两句：“新帖绣罗襦，双双金鹧鸪。”闺中女子看到这样的图案心中一定会有所感触，也许这些感触才是闺中女子眉头深锁、懒得化妆的真实原因。而这个原因作者并未写出来，而是“走笔至此，就戛然而止”。作者深谙写作中“留白”的技巧，但却会让读者意犹未尽。这最后一句也和首句相对应，鹧鸪图上的金线与屏风上的金光闪闪相互呼应，让清晨这美妙的画面更加温暖。可见温庭筠写词善于组织结构，不忘首尾呼应。

文章贵在有章法，温庭筠的诗词不光章法极密，层次也非常清晰。头两句写未起床时的妆容，三四两句写画眉梳妆，五六两句写梳洗完毕，最后两句则写更换新衣，突然看到新衣上鹧鸪双双，顿时落寞和孤独袭来。读到这里读者会顿悟，原来女主人公懒画眉、迟梳洗，是因为心中有一段怨情。反衬手法在温庭筠的诗词中被反复运用，环境越是华丽，风景越是优美，容貌越是俏丽，服饰越是华贵，体态越是娇柔，主人公心中就越是哀怨。所以，这里的鹧鸪双双也是在衬托人物的孤独。

词学专家周汝昌曾评价此词：这首词没有一个废字，整首词只写了一件事，就是“梳妆”。只要把握了这两个字，这首词就很容易理解了。不过，张惠言的《词选》对这首词却这样评价：“此感士不遇之作也。”陈廷焯在《白雨斋词话》里也曾说：“飞卿词如

‘懒起画蛾眉，弄妆梳洗迟’，无限伤心，溢于言表。”看来，词评家们都认为这首词暗含着作者的怀才不遇和无限伤心，这是极有可能的。作者科考不第，经世济国的梦想成了泡影，心中是何等地伤心啊，而这些伤心和怀才不遇的郁闷都化在了诗词里。写作是每一个作家最好的发泄途径，温庭筠自然会好好利用这个途径，所以在他的每一首诗词里都可以找到他的影子，他既是在写别人，同时也是在写自己。

其实在古代，怀才不遇的文人又岂止温庭筠一个，文人既然能写出惊世骇俗、令人耳目一新的诗篇，必然都有着自己独特的个性的。这个性往往是把双刃剑，既可以给他们与众不同的思想，又使他们被庸俗的现实社会所不容，造成他们的怀才不遇，而怀才不遇的经历又成为他们创作的动力。这多么像是一个悖论啊。文人们大多在这个悖论中挣扎，温庭筠绝不是唯一的一个，但他却几乎是经历最坎坷的一个。和他同时代且与他同名的李商隐虽然也经历坎坷，但毕竟曾居高位，而且李商隐比他更悲观。

所以，我们应该给予温庭筠更多的理解，既要把他当作一个普通人，又要把他当成一个作家，只有这样，才能更好地理解他的一生和他的作品。

第七节

重帘悄悄无人语——《菩萨蛮·夜来皓月才当午》

夜来皓月才当午，重帘悄悄无人语。深处麝烟长，卧时留薄妆。

当年还自惜，往事那堪忆。花露月明残，锦衾知晓寒。

午夜，一轮明月悬于高空之中，窗外异常安静，无任何言语之声。闺房的深处熏香烟雾缭绕，女主人公躺在床上，脸上还留着淡淡的妆。长夜孤寂，她无法入睡，想当年，她是多么爱惜自己啊，可今天想起往事再也不堪回忆。花瓣上留下了晶莹剔透的露珠，天边的明月也渐渐逝去，只有这锦被知道此刻的她是多么寒冷。

这首词依然是写女子的生活和感情，依然是先描写景物，铺叙环境，渲染氛围，然后再让人物出场，从头至尾写尽了女子的孤寂。月上中天，刚刚到午夜，主人公却还没睡着。“重帘悄悄无人语”，并不是说没有人说话，而是女子想说话却没有可说话的人。“麝烟长”更说明夜很安静，连一丝风都没有，烟雾本应该随风弥漫的，此刻竟然成了一条长长的笔直的烟缕。这里说的不仅仅是烟雾，也指女子的思绪像烟雾一样绵长。“卧时留薄妆”，女子睡觉时连妆都没有卸，可见其心情不佳。

下阕开始直接描写女子的内心情感。想当年，女子还很珍惜自己，绝对不会睡前不卸妆，因为那时或许有“悦己者”，而现在没有了，所以她不知美丽给谁看；那时也不会彻夜不眠胡思乱想，而现在却辗转反侧，整夜回想往事。可想女子心中有不少烦恼和痛苦，所以她不愿再回忆了。其实，真正不堪的并不是回忆，而是现在。现在的她境遇更加凄凉，所以末句才说“锦衾知晓寒”，比起身体的寒冷，内心更加悲凉，再次渲染女子凄凉的处境。

这首词只是写了一个女子在闺房的状态，除此之外似乎并没有其他更多的内涵和意义，也没有温庭筠个人情怀的寄托。其实，温庭筠的词大部分都是为了适应当时的社会发展而作的。当时，城市商业经济发展很快，歌台舞榭需要大量用来歌唱的曲和词，温庭筠的许多词都是应歌而作。当时的歌曲演唱者都是歌伎，听歌者都是达官贵人、文人学士和富商大贾，没有人对词的言外之意和情感寄托提出更多的要求。温庭筠的词也是顺应时代而作，所以其内容也就大多是闺情相思、离愁别恨，就像今天的流行歌曲一样，大多都是诉说儿女情长、爱恨离别的。

温庭筠本就生性浪漫、精通音乐，经常出入烟花巷陌，写出这样的应歌之作对他来说是极为简单而又平常的。在他的诗作中，感怀身世飘零、困顿遭遇和经世济国的作品较多，但在他的词作中，这样的作品就很少了。但纵然如此，温庭筠还是在一些词作中委婉含蓄地表达了个人的情感寄托。

在闺情词的创作上，温庭筠确实较其他作家更胜一筹，说他是此类题材的鼻祖绝不夸大。同样的题材，他总能首首写出新意。尤其是写给皇上的这十四首《菩萨蛮》，每一首都有特别之处，所以受到皇上的夸奖。温庭筠也因此沾沾自喜，结果得罪了丞相，毁了自己的前程，但他给中国诗词界留下了一笔宝贵的财富。

在历史上，许多文人、艺术家都和温庭筠一样，在他们生存的年代不得志，但却能为后世留下许多不朽的作品。或许文人骨子里都一样，有个性但桀骜不驯，不愿同流合污或随波逐流，更不屑溜须拍马，所以他们总是被掌权者所不容，因而一生坎坷。但反过来，这些坎坷的经历又成了他们宝贵的财富，促使他们去思考人生，激发他们更多的灵感，也为他们提供了很多创作的素材，从这一点来说，他们又是幸运的。

因此，人的一生是很难用外在的一些东西来衡量得失的。温庭筠的一生虽然未能建功立业，取得功名，但这一首首诗篇和词作代表着他这一生是无憾的！

第八节

明镜照新妆——《菩萨蛮·凤凰相对盘金缕》

凤凰相对盘金缕，牡丹一夜经微雨。明镜照新妆，鬓轻双脸长。

画楼相望久，栏外垂丝柳。音信不归来，社前双燕回。

金缕的凤凰盘上，那对金丝线绣成的凤凰正相偎相依，而盘上的牡丹则像是刚刚经过一夜小雨，看起来娇艳欲滴，又格外地雍容富丽。女子换上新衣，画好妆容，看着明镜里的自己，惊觉自己什么时候变得如此消瘦了，鬓发也薄得像蝉翼一般。站在画楼上久久地向外眺望，栏外的柳丝静静地低垂着。远方的人儿已经好久没有任何音信了，但那去年秋天飞走的燕子却成双成对地归来。

这首词由“凤凰”、“金缕”、“牡丹”、“微雨”、“明镜”、

“画楼”、“丝柳”、“双燕”等一个个富有美感的意象缀连成篇，每一个意象都是那么华丽。

词的上阕描写了室内华丽的装饰以及女主人公的新妆，但这都不是作者要表达的重点，而是在为下阕做铺叙。下阕写了女子殷切的期望、等待、痛苦和孤单，整首词表达了她对美好爱情的渴盼与执着。

这首词依然兼具了温庭筠诗词的一些共同特点：意象华丽，辞藻浓艳，以景写情，情随境变，通过华丽的意象反衬女主人公的孤独和寂寞，用凤凰、双燕等成双成对之物来表达相思之情等等。可见温庭筠对女子闺情之词已经有一套自己的写法，他把这些元素运用得炉火纯青，这些意象、元素和写作上的特点几乎已经成为他描写美女和爱情诗词的“定式”词句，只要略做变化、重新组合，便能制造出一个新的境界或创作出一首新的诗词。

可见，对一个成熟的作家来说，创造一首作品并不是多么难的事情，只要把握其中的规律，并将规律灵活运用再赋予新意，就可以创造出一部好的作品。古人曾说“天下文章一大抄”，这话是有一定道理的，会抄的人其实是会利用别人作品中的优点，不会抄的人则真成了抄袭。温庭筠也会“抄”，但他不是“抄”别人的，而是“抄”自己的。他的许多作品尤其是闺情词作，其意象都会反复使用，例如春草、柳丝、蝴蝶、凤凰、鹧鸪、锦被、黛眉等等，在他的作品里时不时都会看到，这是他的特点，或许这也正是他“花间鼻祖”称号由来的原因之一。

温庭筠的词既然大多数为应歌而作，那么娱乐就是它最大的目的和功能，这些词也是写给某一类人看或者听的，因此词中的主人公多为虚拟的某一类人物，所表达的情感也多为一种类型化的情感，而不是某个人的情感。就表现某一类人物的情感来说，温庭筠的词还是非常成功的。但是，当他已经非常熟练地掌握了这种新的表达情感的方式时，就会不知不觉地在其中植入自己的经历和情感，使词表现出某一种个性，好在这种个性渐渐地被大众接受了。这也说明了艺术创造的一个特点：一个作家的作品不可能是纯客观的创作，其永远脱离不了个人的主观特点。

温庭筠的这首作品固然有他一贯的特点和优点，但是也遭到某些人的批评和质疑。栩庄就曾评价这首词中“双脸长”的“长”字不但不美，还相当丑恶。可以想象一下，明镜中突然出现一张长脸，这是一件多么可笑的事情。一张长脸破坏了镜中的美感，也破坏了这首词的整体意境。所以，栩庄评价这个“长”字是点金成铁，纯为凑韵，实为败笔。对此，我们也能理解。一个作家一生中创作无数作品，不可能篇篇精华。温庭筠一生中不仅写过平平之作，在他穷困潦倒、放浪形骸之时，还写过真正的靡靡之音和无聊之作。所以温庭筠并非一个完美的人，他的作品自然也不可能那么完美。

所以，我们应该更加全面地去看待温庭筠和他的作品，应该看到他本人的优点和缺点以及他作品的长处和短处，不刻意吹捧他，也不随意贬低他，而是给他及他的作品最真实、最准确及最客观的评价。

第九节

人胜参差剪——《菩萨蛮·水精帘里颇黎枕》

水精帘里颇黎枕，暖香惹梦鸳鸯锦。江上柳如烟，雁飞残月天。

藕丝秋色浅，人胜参差剪。双鬓隔香红，玉钗头上风。

这首词描绘的是一幅怀春图。上阕写女主人公居处的环境，借助景物烘托主人公的生活状态。下阕描写女主人公的穿衣打扮，通过细节勾勒她的形象。

词的上阕这样描写道：门窗上挂着透明剔透的水晶帘子，床上铺着玻璃枕头和鸳鸯锦被，这样的房间暖暖的，让人忍不住想要入睡。开头就告诉我们女主人公的生活很精致，她房间内的陈设非常讲究，情调也非常高雅。鸳鸯锦被也不是随便写的，而是暗示主人公的孤独。此时的主人公正在锦被中恬然入睡，暗香浮动，静止的画面给了读者丰富的联想。

梦境中，女主人公似乎看到江岸边的柳树刚发新芽，柳丝绵长而细软，看上去朦朦胧胧的，像笼罩在一片烟霭之中。黎明时分，月亮即将隐去，微微的晨光中传来大雁的叫声，它们已经开始飞行。这究竟是女主人公的梦境还是真实的情景，我们不得而知。即便是梦，也有可能是主人公白天看到的景象。因此，这既是梦境又是现实。这样的描写手法在温庭筠的作品中不是第一次出现。这幅画面给我们以这样的联想：冬去春来，曾经南飞的大雁此时要飞回家乡，这引起了女子的伤感，因为自己思念的人还没有音信。

上阕描写景物，由近景到远景，由室内到室外，反映女主人公的生活状态，暗示她的心理状态，并为下阕描写人物的情绪做铺垫。

下阕写道：用藕荷色丝绸做成的衣裳颜色淡淡的，非常漂亮，在人日（正月初七）这一天，要用剪刀裁剪红花迎接春天的到来。看来，女主人公的兴致很高，在准备出门要穿的衣服以及要佩戴的红花。最后两句写道：面容的两旁是两朵飘香的红花，头上的玉钗在风中轻轻摆动。女主人公刚才是在准备穿戴，现在已穿戴完毕，正在对着镜子独自欣赏。

整首词没有一个字是直接描写女子容貌的，用的都是衬托之法，用房间里的环境、摆设，女子的衣着、头饰以及裁剪春花的行为来暗示女子不仅容貌娇美，心灵也非常美好。下阕中作者也没有提女子的心事，而只是渲染她的外形和她迎接春天的行为，这是作者从另一个角度来表现她的孤单。因为孤单，所以她才要给自己找些事情做。

温庭筠很少直接写人物的心理活动，都是借景物、行为等细节来表现人物的心理，或给出具体的物件让读者去联想人物的心理。所以，不发挥自己的联想、不去细细体味的读者是读不出作者背后想要表达的意义的。

有评论家说温庭筠的《菩萨蛮》系列是联章体，但笔者认为联章体词应该有明确、统一的主题，其词中的时间、地点、人物、事件、思想感情都应该有内在的统一性和连贯性，特别是其主人公应该有所关联。但纵观《菩萨蛮》十四首，主人公虽然都为女性，但身份却并不相同，有歌伎舞女，有宫中的嫔妃或宫女，有丈夫戍守边疆的思妇，也有一般的闺中思妇。表达的感情也并不是同一个或同一类女子的感情，其思想感情也不单单是离愁别恨。

其次，十四首词所描述的季节虽多为春天，但并不全是春天，也有夏天，节气更不相同。而地点，有的在宫中，有的在闺中，有的在亭台楼阁，又不尽相同。所以，《菩萨蛮》系列并非联章体，每一首都独立成篇，与其他各首并无任何联系。明白了这一点，有利于我们更好地理解这十四首《菩萨蛮》。

温庭筠在写这十四首《菩萨蛮》时，并无统一的计划或组织，每一首都是随意之作，一首表现一个女子的生活状态。而他从青年到老年，与这些歌舞伎女素有来往，经常出入达官贵人之家，对宫中嫔妃的生活也有所耳闻，所以写起这些女子的生活来毫无生涩和编造之感，仿佛他就在她们身后，默默地看着她们起床、梳妆、凭栏、沉思、垂泪……所以，每一位女子的神态举止、喜怒哀乐都被他描写得如此到位，皆是因为他有真实的生活体验。而这种真实的描写自然也引起了包括皇上在内的他人的共鸣。

第十节

时节欲黄昏——《菩萨蛮·南园满地堆轻絮》

南园满地堆轻絮，愁闻一霎清明雨。雨后却斜阳，杏花零落香。

无言匀睡脸，枕上屏山掩。时节欲黄昏，无憀独倚门。

柳絮轻轻地从空中飘落，落得满地都是。清明时节的雨突然降下，雨停后，天空中却出现了太阳。这正是黄昏时分，余晖洒在草木上，异常动人，一树杏花却被雨水打落在地，显得凌乱不堪。女子被突然而降的雨声惊醒，此时默默无语，睡眼惺忪的容颜显得格外秀美。她缓缓起身，将枕后的屏风轻轻掩上，却发现此时天色已晚，便靠在门上呆呆地望着眼前的风景。

上阕依然是描写景物。作者用几个意象勾勒出一幅春天将逝的景象，在其中略微透露出一些主人公的情绪。比如“愁闻一霎清明雨”，“闻”说明有人在，而“愁闻”则透露出人的情绪。那么，上阕的所有景物都是“愁闻”的人所看到的。

作者首先以景物告诉我们时节。从柳絮轻飞可以得知此时是春天将逝之时，“一霎”说明这是一场突然而至的阵雨。而后面两句即是阵雨后的景象：雨后空气清新，余晖洒落大地，杏花零落，余香仍在，这几个意象的描写满足了人的嗅觉、视觉等各种感觉，总体又给人一种凄艳的感觉，为下阕描写女主人公的寂寞心情做铺垫。“却”字用得很好，表示雨后是另一番完全不同的画面，有助于提高整个意境的新鲜感。雨后的画面非常美，但这种美不仅是美的享受，而是心灵上的刺激，特别是落花余香，使人感到一种伤感的情绪袭来。

而下阕一开始就告诉我们女主人公卧于榻上，此时正值黄昏，那么她应该是午睡刚醒。通过对她神态和行为的描写可以得知她此刻百无聊赖，甚至有些寂寞，所以她的动作是懒洋洋的。最后两句把她寂寞无聊的心情渲染得更加充分：黄昏时分更觉无聊，倚着门框发呆，神色一片黯然。但此刻女主人公可能是在门口张望，等待某人归来。这才是她无聊寂寞的原因所在。

这首词上阕所有的意象和下阕女主人公的所有心情互为表里，可见作者匠心独具。至于词中“雨后却斜阳，杏花零落香”两句，后来秦观有相似之作：“雨馀芳草斜阳，杏花零落燕泥香。”王国维在《人间词话》中评价：“少游之虽自此脱胎，而实有出蓝之妙。”可见温庭筠的词作已受到后人的肯定。

晚清文艺批评家刘熙载曾经评价温庭筠的词“精妙绝伦，然类不出乎绮怨”。其意思是，温庭筠写词的技巧非常高超，艺术境界也非常之高，但缺乏深刻的思想内容，未免流于庸俗和浅薄。也是说，温庭筠的词走不出男女情爱，缺乏政治伦理道德的描写。但清代文人张惠言、陈廷焯等人的看法却不同，他们认为温庭筠的词是继承屈原香草美人的写法，借男女情爱寄托政治内容。所以说，“绮怨”并不完全等同于内容狭窄和思想浅薄。

这组《菩萨蛮》是写给皇上的，温庭筠不可能在其中直接评论政治，只能借男女之情隐喻政治思想，即便是描写男女之情也是非常含蓄的。所以，以景写情，寓情于景就成了温庭筠词作的主要特点。从另一个角度来说，在表现人的心情意绪尤其是女性情感方面，词本来就比诗更具优势，它更能展现人丰富的内心世界，而温庭筠更是把这一点发挥到了极致，他是“绮怨”类词作家中的佼佼者。

但值得注意的是，绮怨风格和浓艳词风虽然是温庭筠词作的主要特点，但代表他艺术成就的并非只有这类作品，其作品中清新明快类型的也得到了大家的好评，甚至比浓艳类型的词作更加广为流传。这是因为温庭筠的浓艳词风是受当时时代风尚的影响，并不一定完全是他的喜好或他的长项，而他创造的内容出于应歌的需要，还必须迎合酒宴饮席的特点，因此辞藻只能奢侈华丽。又因为词的主人公多为歌舞伎女人、嫔妃宫女，她们的居室环境、装饰打扮均比较奢侈华丽，因此更加重了他作品的浓艳特点。

所以，浓艳词风并不完全在于温庭筠主观刻意为之，而是当时时代的客观需要促成的。换句话说，浓艳词风是当时的流行趋势。但是，为了追逐流行，温庭筠的作品中也出现了堆砌、琐碎、重复、晦涩的败笔。相反，其作品中那些不为赶流行的不经意之作，那些清新明快的词作或句子反倒更受好评，流传得更为久远。这也说明，一个作家在更为自由的状态下创作的作品才更有可能成为精品。但这并不是说温庭筠浓艳风格的词作中没有佳作，一定有，但成为佳作并不是因为他堆砌辞藻、追求华丽，而是因为这些作品更好地表现了人物的状态和情感。

第十一节

此情谁得知——《菩萨蛮·宝函钿雀金鸂鶒》

宝函钿雀金鸂鶒，沉香阁上吴山碧。杨柳又如丝，驿桥春雨时。

画楼音信断，芳草江南岸。鸾镜与花枝，此情谁得知？

这首词描写了一幅美人晨妆图：一位女子早晨起床后，打开妆梳盒开始化妆，她在头上插上一根有雀鸟装饰的金钗，金钗上绣着一对镂金的紫鸳鸯。她登上沉香木制的楼阁，向远处眺望吴地山川的风景。远处的绿水青山仿佛画境一般，美丽得让人视线难收。她望向别处，只见杨柳纤细如丝。这细细的杨柳让她想起那个春雨绵绵的日子，她在驿站附近的小桥上与情人分别，惜别的情景仿佛还在眼前。现在画楼仍在，离人却不知身在何方。自从分别后，她就失去了他的音信。江南两岸芳草萋萋，春去春又回，但人走了为何不归呢？美人对着鸾镜里的自己独自叹息，心中的情意又有谁能体会呢？

这首词的上阕写女子的装饰之美与所见景色之美，回忆驿桥送别时的情景；下阕写分别后物是人非，春归人不归的隐痛，以及女子对镜伤情的孤单和寂寞。全词依然是由物到景，由景到人，人再伤情；由近景到远景，由昔日到今日。看似散却一点都不乱，其间脉络清晰，情意婉转，情韵悠然，再现了温词显著的艺术特色。

例如一个“又”字用得传神，透露了女子内心活动的跳跃：杨柳如丝，像那天的情景，于是又想起当时分别的场面。可见分别时的一情一景都深深印在女子的心里，一旦环境触动便又想起。“又”字自然地引出女子的回忆，把眼前之景和昨日回忆连结得紧密无间。这种利用时空交换创造出耐人寻味的意境的创作手法，也是温庭筠词作的主要特点。

而下阕的场景也是似曾相识：春天又回，离人未归。对镜自怜，此情谁知？如花美眷只能独自对着镜子里的自己伤感，这种孤独的相思滋味谁能够体会呢？温庭筠在这里再次用到了“知”字，可见此字最能够表达女子心中的哀怨。

这首词依然是闺情词，温庭筠的众多闺情词也凸显了他词风的另外一个特点：清浅。清浅有两个意思：一是指思想内容和情感不够深刻厚重；二是指词的艺术风格浅俗。清浅表现在词的内容上是一个缺点，但就其艺术风格来说却不是贬义。金圣叹在评价温庭筠作品的清浅风格时说：“总是轻轻一手。”这是称赞温庭筠写词总是信手拈来，不着痕迹，这种清浅从美学角度来说，是很值得欣赏的优点。

但是，温庭筠词作内容上的清浅也是不争的事实。就其内容来说，基本上都是描写儿女情长、爱恨离别，极少抒写对时代社会、国家命运的深刻思考，对厚重的历史和人生几乎从未涉及。从这方面来说，温庭筠的词作不但是清浅，甚至是轻艳。这也使他人对温庭筠的词做了这样的评价：浅薄、轻飘甚至低俗。这样的特点固然和时代的风尚有关，但和他本人的个性也有很大的关系。温庭筠性格比较外向、开朗、乐观，思维比较活跃，这造成了他词作风格上的“轻”。同时，他情感细腻丰富，对个人命运的关心远远超过对时代社会的关注，这造成了他词作风格上的“浅”。他不是那种深沉内敛、大气稳重之人，自然写不了这样的作品。

但是，温庭筠的这种个性又使他能够熟练地掌握各种写作技巧，灵活地捕捉、描绘各种景物和人物，这又成了他另一个优势。他的长处和短处都体现在清浅这一特点当中。但就艺术风格来说，深厚与清浅各有特点，没有高下之分，不必扬此贬彼。只要一首作品写的是真感情、真境界，无论是深厚还是清浅，都是好的作品。从这一点来说，温庭筠的《菩萨蛮》系列首首都是精品。

第十二节

故人万里关山隔——《菩萨蛮·满宫明月梨花白》

满宫明月梨花白，故人万里关山隔。金雁一双飞，泪痕沾绣衣。

小园芳草绿，家住越溪曲。杨柳色依依，燕归君不归。

“月光洒满庭院，院子里的梨花雪白。我想念的人现在还远隔万里，在边塞关山之外。我日日夜夜地思念你，终于等来了鸿雁带来的书信，我的心中是何等地惊喜啊，眼泪不禁打湿了衣衫。园子里鲜花盛开，草木碧绿，这让我想起家乡弯弯的越溪。杨柳轻轻舞动，散发着浓浓的春情，燕儿归来带着无边的春意。一切都是那么美好，可我思念的人却不知何时才能回来。”

这首词仍然是写思妇月夜怀念故人的怨情。开始两句写女子独居深闺长夜无眠，看到满院的月光和雪白的梨花，想起了远方的亲人。“故人万里关山隔”，说明亲人在很远的边塞关山，很可能是在戍守边疆或从军打仗。女子日日思念，突然收到亲人的来信，顿时悲喜交集，流下眼泪。这首词和其他词不同的地方是，上阕不止描写景色，主人公也已出现。

而下阕开头先描写白昼的春景，与上阕开头描写夜晚的景色形成呼应。结尾两句“杨柳色依依，燕归君不归”再次表达女子对亲人强烈的思念之情，与上阕“金雁一双飞，泪痕沾绣衣”形成呼应。

这首《菩萨蛮》描述的是一位思念边塞守关将士的思妇。温庭筠的词中描写歌舞伎女、嫔妃宫女的次数比较多，为守关将士的妻子掬一把同情泪的时候较少。但在晚唐时期，国家动乱，边疆常犯骚乱，众多将士在边疆戍守打仗常年不归，他们和家人两地远隔，彼此思念却终年无法团聚的状况已经成为一种社会现象。早在出塞时，这种景象就深深地印在了温庭筠的脑海里，他也曾为这些将士写下《寒塞行》：“心许凌烟名不灭，年年锦字伤离别。彩毫一画竟何荣，空使青楼泪成血。”如今在长安生活多年，他又亲眼看见这些戍守边关将士们的家人的生活状况，忍不住再为他们写下词作。

这些将士们远在边塞，有时多年没有任何音信，家人甚至不知道他们是死是活，担忧、害怕、思念之情日夜折磨着他们，使他们夜不能寐，食不下咽，终日惶恐。鸟儿都能成双成对，他们却在形单影只中担惊受怕，这些都刺激着温庭筠，使他无比同情和关怀他们。在这十四首《菩萨蛮》里，温庭筠当然不会忘记为他们写下一首。或许他希望皇上能在字里行间看到这些守关将士家人的血泪，或许他希望这些思妇的心情能随着《菩萨蛮》歌曲的传唱而被众人所知，从而有更多人去关怀她们。

所以说温庭筠的词作即便清浅，即使仅仅是应歌而作，也仍然被植入了他的个人情感和更多的社会意义。这可能是他的无意之作，也可能是有意为之，但不管怎么说，温庭筠作为一个作家，一定有他悲天悯人的情怀和不自觉形成的社会责任感。

第十三节

凭栏魂欲销——《菩萨蛮·雨晴夜合玲珑月》

雨晴夜合玲珑月，万枝香袅红丝拂。闲梦忆金堂，满庭萱草长。

绣帘垂箓簌，眉黛远山绿。春水渡溪桥，凭栏魂欲销。

这首词是《菩萨蛮》系列的第十三首，写女主人公因眼前景色回忆起昔日往事，刻画了一个多愁善感、孤寂悲凉、愁苦恍惚的思妇形象。

“玲珑的月光照耀着夜合花，花上还挂着晶莹剔透的露珠，千枝万朵的夜合花红丝轻拂，浓郁的芳香袅袅升起。看着这些景象，我不禁想起那豪华的厅堂，以及庭院旁边又绿又长的萱草，那里有着我们共同的回忆。听说萱草是忘忧草，但为何我一刻也未敢忘记过我们的相识相知。漂亮的绣帘流苏低垂，却仿佛坠压在我的心头。远山一片碧绿，却恰如我眉间浓浓的愁。溪桥下潺潺的流水声缠绵不绝，听着溪水声我凭栏远眺，心中的思念更是难消。”

这是一首因景生梦的闺怨词。雨后、月光、红花、青草、绣帘、眉黛、远山等等，这些都是作者常用的意象。微风吹过，香气袅袅，凭栏远眺，这是作者常用的意境。在这美好的意境中，女主人公不知不觉睡着了，进入了梦乡。她梦到了华丽的居所、满院的萱草，这里应该是她与心上人相识相知的地方，她白天时常想起，所以夜晚才会梦到。萱草本是一种忘忧草，但忘忧草也不能使女主人公忘忧，可见女子的思念之深。

但梦终有醒的时候，再美的回忆也终究是过去，不能使她的现在变得更充实、更快乐。而她的心情一如低垂的流苏一样沉重，她紧皱的眉头一如碧绿的远山一样无法舒展，她的愁绪一如桥下不停流动的溪水一样绵延不绝。

这首词读来的感觉也犹如作者最后的结尾一样，让人黯然魂销。

词既然是写给歌伎们演唱的，自然要更多地表达她们的心声。这些歌伎大多身世坎坷飘零，她们或无家可归，或亲人失散，或曾被抛弃，自然容易感伤。她们被困于亭台楼阁之中，认识的也是经常出入这里的达官贵人、文人雅士或地痞无赖，或许其中会有人与她们产生情感，成为她们情感的寄托和未来生活的希望。但在那个时代，又在那样的环境之中，守诺重情之人又有几个？多半是轻易许诺又轻易违诺，从此不见踪影，只留下这些女子独自伤感叹息，对影自怜，回忆曾经，低声谴责，但还依然盼望。

这首《菩萨蛮》里，温庭筠描写的大概就是此类女子。在那个时代，不管是歌伎、嫔妃还是其他普通女子，面对情人的抛弃或离别，除了暗自垂泪、等待、思念和叹息之外，也别无他法。细腻的温庭筠看到了这些女子无助的一面，并让她们成为自己作品中的主人公，希望借她们的歌喉唱出她们的心声。想必，她们唱起这首词的时也会同词的最后一句写的那样——魂欲销。

第十四节

人远泪阑干——《菩萨蛮·牡丹花谢莺声歇》

牡丹花谢莺声歇，绿杨满院中庭月。相忆梦难成，背窗灯半明。

翠钿金压脸，寂寞香闺掩。人远泪阑干，燕飞春又残。

这首词以景染情，情景交融，情致婉约，把闺中女子思念远方亲人的悠悠情思表达得异常浓烈。女主人公思念亲人却不得见，因而伤心难耐，泣涕涟涟，难以入梦。

已是暮春时节，牡丹花都已凋谢，黄莺也停止了鸣叫。院落中到处都是绿色的柳树，皎洁的月光洒满了整个院落。在这寂静的深夜，女主人公想起过去，因此久久无法入眠。做不了美梦，她只能背对窗户，独自守着一盏昏暗的孤灯孤独地坐着。她头上戴着翡翠朱玉制成的首饰，饰物垂下来几乎遮住了她整个脸庞。她打扮得如此艳丽华贵，可是在这香闺之中，又有谁来欣赏呢？只剩她独自寂寞着。想到远方思念的人，她不禁泪流满脸，燕子已经飞走了，春天也快要过去了，她思念的人还会再回来吗？

这首词开头即点明了时间，“牡丹花谢”、“莺声歇”、“绿杨满院”都说明这时春天即将过去，“中庭月”则表明此时是夜晚。这两句既是点明时间又是描写环境。从“相忆”二字开始，描述由室外转入室内，由描写环境转为描写人。想要到梦中寻找温暖，偏偏又无法入睡，只能彻夜不眠，孤灯做伴，一番凄凉的景象。

下阕集中写情，进一步刻画女子的神态。先是描写了女子豪华的装饰：“翠钿金压脸”，女为悦己者容，没有悦己者，穿戴得再华贵又有什么用呢？只能在这香闺之中独守寂寞。接着告诉我们寂寞孤独的原因是什么：“人远泪阑干”，因为思念的人不在身边，所以女子只能默默垂泪。而“燕飞春又残”再从侧面暗寓主人公的青春正随时光而流逝，而曾经的痴情守候却什么也没有等来。

这首词分别从正面和侧面来描写主人公孤独寂寞的心情，回环往复，层层深入。全词意境统一，语境连贯，情景交融，首尾呼应，制造出一种凄冷寂寞的氛围，读来让人不胜唏嘘。

温庭筠的《菩萨蛮》一首比一首令人销魂，他已经把此类诗词写到了极致，在那个年代，没有几人能出其右。其原因大概是因为他不仅懂得词作，更懂得音乐，而词是应歌而作，是文字与音乐的结合，他把这两者结合得恰到好处，把自己的特长发挥到了极致。

在这一方面，温庭筠无疑是幸运的。他能成为“花间鼻祖”是由他身上的综合才华决定的。

不过，温庭筠的才华越高，就越有人忌妒，就越有人看不惯，因为他不懂得圆滑世故、虚伪奉承，活得过于真实，会令他人不舒服。他想经世济国，但混迹官场需要八面玲珑，而他的性格是极其不适应的，个性耿直又不肯低头，所以才一次次落第。即便他真能走向官场，以他的性格来说，他也很难走得长远。这是他的悲哀，既然他不能改变自己的性格，就必须接受这样的现实。

第十五节

故国吴宫远——《菩萨蛮·竹风轻动庭除冷》

竹风轻动庭除冷，珠帘月上玲珑影。山枕隐秾妆，绿檀金凤凰。

两蛾愁黛浅，故国吴宫远。春恨正关情，画楼残点声。

这首词依然是用瑰丽的辞藻来渲染衬托怨情，把主人公的凄凉心境、怨恨之声和不满之情表达得淋漓尽致。

这是一个清冷寂静的深夜，微风吹过，轻抚竹林，沙沙作响，带来阵阵寒意。月光爬上了珠帘，珠帘晃动，摇碎了玲珑的月影。高高的枕头隐没了她脸上浓浓的妆容，只看见绿色枕头上绣着的一对金色凤凰。女子的两道蛾眉上有着淡淡的忧伤，她虽然人在吴国的宫殿，心却在遥远的故乡。可恨春去秋来，时光匆匆，她心中的思念更浓。画楼里传来的更漏声是那么地清晰，一声声更让她无法入眠，而此时，天边已经泛起了晨光。

这首词的上阕通过描写环境的清冷来表现女主人公的凄凉寂寞，又通过描写女主人公居住环境和装扮的华贵来反衬她的寂寞。而下阕则通过典故及女主人公对环境的感受来表现她的幽怨。

不过，与其他十几首《菩萨蛮》不同，这首词描写的是一个幽居深宫的女子。“故国吴宫远”是一个典故：春秋末期，越王勾践被吴国打败沦为亡国奴，他将越国美女西施献给吴王夫差做政治诱饵，西施虽然在吴国过着锦衣玉食的生活，却常常思念自己的家乡越国。而在这首词中，女主人公也是远离故国，她思念的是自己的家乡以及家乡的亲人。作者通过这个典故以及拂晓前的更漏声描写女主人公无尽的春恨与愁情。

这首词是温庭筠献给皇上的《菩萨蛮》系列的最后一首，所以最后两句不但有结束本首词之意，更是全系列十四首之总结。这首词里不再是春梦，而是春恨，暗含着温庭筠对朝廷、对皇上、对命运的怨恨。画楼残点，天将明矣，心事翻腾，一夜未睡，故乡既远，身世飘零，这多么像温庭筠的一生。“故国吴宫远”何尝不是“故乡吴中远”。

温庭筠来到京城追求自己的理想，可几经努力，理想仍远在天边。离开家乡吴中那么多年，想要建功立业、光宗耀宗的愿望却还没有实现。他的心中何止是淡淡的忧伤，而是浓浓的愁思。人在京城，心却思念家乡吴中。但他没有任何功名，又有何面目回家乡。在这首词里，温庭筠寄寓着自己深切的情感。把这首词作为十四首

《菩萨蛮》的最后一首，是有着他的深意的。

这十四首《菩萨蛮》皆为温庭筠“花间词”中最为精湛之作。温庭筠能在词史上占有重要的地位，这十四首《菩萨蛮》做了不小的贡献。在这十四首《菩萨蛮》中，温庭筠尽显婉约之风，自此成为婉约词风的开拓者与奠基人。从温庭筠开始，词作为一种新的艺术形式与传统诗歌区别开来。

唐朝是文学盛世，到了晚唐开始发生变化，李商隐结束了旧传统，而温庭筠开创了新趋势。温庭筠因为词风的问题在历史上饱受争议，但这仍然磨灭不了他在中国文学史上的地位，尤其是词史上的地位。在他之前，词这种艺术形式已经开始在民间出现，但发展了几百年，仍然没有形成规模和影响力，也没有艺术成就较高的作品。一直到他这里，这种情况才发生了根本性的改变。温庭筠一生创作的词共有七十首左右，均有较高的艺术水准，在当时形成了巨大的规模效应。更为重要的是，他的大量成功创作为词奠定了一种成熟的类型风格，从此以后，词的内容以表现女子的情感、生活为主，风格大多香艳柔美、细腻委婉。这种风格延续了之后宋、元、明、清几个朝代，词的主流词风——婉约词风正是由他细腻委婉的词风演变而来。因此，说温庭筠是词的开拓者和奠基者一点都不为过。

而这十四首《菩萨蛮》又是温庭筠约七十首词中最为精湛之作，要想了解温庭筠的词，这十四首不可错过。从这个意义上来说，温庭筠是否也该感谢令狐綯，当时如果不是他要拍皇上的马屁，他也不会创作这十四首《菩萨蛮》。因此，错与对，失与得，有时真的很难评说。

第十六节

水风空落眼前花——《梦江南·千万恨》

千万恨，恨极在天涯。山月不知心里事，水风空落眼前花，摇曳碧云斜。

梳洗罢，独倚望江楼。过尽千帆皆不是，斜晖脉脉水悠悠，肠断白苹洲。

这首词表面上仍然是写闺中女子的感情，依然是以意境取胜。“千万很，恨极在天涯”，女主人公心中该有多恨，用“千万”形容还不够，还要再加个“极”字。人纵然远在天涯，也能感受到她心中的满腔怨恨似乎要喷薄而出，可见这种怨恨强烈到无法控制。“山月不知心里事，水风空落眼前花，摇曳碧云斜。”这三句看似写景，其实是在写情。山峰和月亮怎么可能知道女主人公的心事，水在流，风徐徐，花满地，云飘动，可看起来都像是空空的，如梦境一般。女主人公心中是何等失落，一切美景在她眼里都是一场空。上阕极力渲染了女主人公心中的“恨”和“心事”。

刚刚梳洗完毕，她便迫不及待地来到岸边，独自倚靠在阁楼的栏杆上望向江面。船经过了一只又一只，可都没有她等待的人。夕阳的余晖斜斜地洒在江面上，碧波荡漾，水悠悠地流动，她突然看到白苹洲，那个他们当年分别的地方，悲伤之情涌上心头，顿时肝肠寸断。在下阕，女主人公的情绪由恨转变为失落和伤心。

读完这首词，我们很容易被女主人公强烈的情绪所感染。她恨远方的人不知道她的思念，恨没有人懂得她的心事，恨所有的美景在她眼里都失去了颜色，恨过往的每一艘船上都没有她要等待的人，她心中的恨意像悠悠流水一样长，最终使她肝肠寸断。温庭筠把女主人公的心思写得如此细腻、逼真和深刻，虽然没有用什么华丽的辞藻，也没有刻意雕琢词句，但刻画的人物却能生动传神，足见他的写作技巧是多么纯熟。

这首词与温庭筠其他的闺情词比起来更加直抒胸臆，情感更加强烈，不是怨，不是失落，而是恨。这就不能不让我们联想到温庭筠想要表达的不仅仅是女主人公对心中盼望之人的恨，更是他自己心中的恨。词里描绘的其实就是他自己孤单地在夜里思念，天上的月亮无法了解他的寂寞，凉风仿佛吹散了花朵，明明暗暗的影子飘落。

温庭筠在这里恨的是什么？他最恨的自然是小人对他的倾轧，统治阶级对他的排挤，以及世人对他的不解，所以他才说“山月不知心里事”，“过尽千帆皆不是”，暗指这世间没有真正懂他的人。

他满腹才华却得不到重用，因此心情悲凉，或许这才是他真正要表达的意思。

所以，温庭筠的恨也包括对朝廷的恨、对皇上的恨。而他的这首词也是在几次科考不第的时候写的，所以极有可能是感怀身世所致。不过，不只是温庭筠对皇上有恨，皇上对他也看不顺眼。温庭筠和皇上有什么交集呢？温庭筠没有任何官职，连见到皇上的机会都没有，然而正是因为他没有见过皇上，所以才把皇上给得罪了。

这位喜欢《菩萨蛮》的宣宗皇帝李忱，相比起晚唐时期的其他皇帝来说还算是不错的。他明察秋毫，沉稳决断，从谏如流，爱惜忠臣，恭谨节俭，惠爱民物，可就是这样一位很不错的皇帝，温庭筠也没把他放在眼里。有一次，唐宣宗微服私访，在一家客栈遇到了温庭筠，两人还聊起了天。温庭筠从来没见过皇上，就斜着眼睛望着皇上说："你是司马、长史之类的官员吗？"司马、长史都是州郡一级的小官，温庭筠这次可是看走了眼。皇上有点不悦，说道："不是。"于是温庭筠的口气更加不屑了，又说："那就是个六参、簿、尉之类的了。"六参、簿、尉等都是县级别的属官，官职更小。皇上这次更加不高兴了，心想这温庭筠真是有眼不识泰山，对他更是没有什么好印象。于是当丞相检举温庭筠"有才无行"时，皇上自然就相信了。温庭筠不但得罪了丞相，还得罪了皇上，科举考试当然不第了。

这件事不仅使温庭筠科举考试落第，后来，皇上甚至把他贬到隋县去当县尉，从此他离开京城，在小县城里过着颠沛流离的日子。关于这件事，纪唐夫曾写诗描述道："何事明时泣玉频，长安不见杏园春。凤凰诏下虽沾命，鹦鹉才高却累身。且尽绿醽销积恨，莫辞黄绶拂行尘。方城若比长沙路，犹隔千山与万津。"言下之意正是说，温庭筠恃才傲物，其才华反倒成了他人生的负累。温庭筠是有才华，却没有一个很好的性格辅助他成就一番事业。所以，他的才华究竟是成就了他还是害了他，还真的很难回答。

第十七节

春风何处好——《嘲春风》

春风何处好？别殿饶芳草。
苒袅转鸾旗，萎蕤吹雉葆。
扬芳历九门，澹荡入兰荪。
争奈白团扇，时时偷主恩。

看到题目，我们一定会认为这首诗是要嘲弄、讥讽春风。是不是这样的呢？我们来看看作者的描述。诗的第一句就说“春风何处好”，春风究有什么好呢？接着作者就回答了这个问题。

“别殿饶芳草”，在春风的吹拂下，芳草可以茂密丰盛起来。但在这里，芳草用来比喻忠贞美好的品德，所以这句话的意思是春风可以使君子具备更多的美德。这是春风的第一个好处。

“苒袅转鸾旗”，春风可以使皇帝的鸾旗迎风飘扬，更显皇帝的威严。“鸾旗”是皇帝銮舆前面仪仗队所举的彩旗，用来显示帝王的威严。这是春风的第二个好处。

“萋蕤吹雉葆”，春风吹拂下的仪仗就像随风摇曳的茂密青草，由此可见皇帝队伍之浩荡。这是春风的第三个好处。

“扬芳历九门”，春风把芬芳的气息吹进了皇帝的宫殿。如果没有春风，花香怎么会四处飘散？如果没有春风，皇宫纵有九门，看起来也没有生气。这是春风的第四个好处。

“澹荡入兰荪”，春风就像荡漾的水波，经常钻入草木之中。与前四种好处相比，第五种好处似乎看起来不太起眼，但它却能带来另一种功效——淡然地吹拂，这种凉爽是沁人心脾的，是润物细无声的。

全诗的二、三、四、五、六句共说了春风的五个好处。春风有这么多好处，并一心想为皇帝服务，奈何皇帝并不喜欢春风。皇帝喜欢那些附庸风雅的小扇子带来的小风，所以春风就不要再讨好皇上了，好好地与草木为伍，吹拂那些花草树木吧。读到这里，我们才知道作者为什么要嘲春风。皇帝昏庸愚昧，不识好坏，根本就不懂得春风的好处，可春风还是盲目地讨好皇上，一心想为皇上做事情。春风，你难道没有看清楚吗？皇上明明是嫌弃你，你为什么不明白呢？

所以，嘲春风不仅是嘲笑春风的不自知，也是嘲笑皇上不能辨识好坏和真假。这里的春风其实就是温庭筠自己，这是一首自嘲的诗。皇上不喜欢他，把他贬到偏远的地方去，可他还一心想为朝廷做事，为国家效力，怎么就这么没有自知之明呢？同时，这首诗也是在指桑骂槐："春风这么好，我温庭筠这么有才华，可皇上你却不重用我，是不是太昏庸了呢？"

春风当然还指那些具有美好品德的正人君子，嘲笑的背后其实是赞美，为那些具有美好品德的正人君子鸣不平。皇上不喜欢这些正人君子，却偏偏听信那些奸臣小人的话，春风能使他清醒，但他却不喜欢。例如温庭筠的好朋友李德裕，他是个有德又有才的忠臣，扶助武宗几乎实现了唐朝中兴，可宣宗一即位就把他一贬再贬，最终导致李德裕郁郁而亡。所以，嘲春风不是不痛不痒之作，而是一曲时代的悲歌，其背后隐含着深刻的政治意义。

这首诗用的是指桑骂槐的手法，表面上是嘲笑春风，实际上是嘲笑自己，嘲笑皇上。这是除借古讽今之外另一种针砭时政、抨击统治阶级的方式。同时，作者也在诗中劝慰自己，既然皇上不识春风的好，自己也要及时醒悟，不要再妄想什么建功立业的理想，不如从此做个普通人，回归平民百姓的普通生活。

不过，此时的温庭筠对科举考试、入仕、经世济国已经不再抱有幻想，现实已经彻底使他清醒了。从少年的胸怀大志到现在的一事无成，他对自己、对现实已经看得很清楚了，他再也不会固执地与现实做斗争了。

当他得知自己即将被贬到隋县的消息时，心中百感交集，这滋味不是用"苦"字可以形容的。科考屡次不第，他已经对仕途之路失去了最后的希望。历尽千辛万苦，只为经世济国的理想；明明才华横溢，却屡遭他人算计排挤；原本打算做个市井小人，却又被皇上贬到他乡之地，这种打击令他哭都哭不出来。这首《嘲春风》嘲笑的究竟是谁？是自己，是皇上，是那些奸诈小人，同时也是命运和这个悲哀的时代。

第十八节

一醉昏昏天下迷——《春江花月夜词》

玉树歌阑海云黑，花庭忽作青芜国。
秦淮有水水无情，还向金陵漾春色。
杨家二世安九重，不御华芝嫌六龙。
百幅锦帆风力满，连天展尽金芙蓉。
珠翠丁星复明灭，龙头劈浪哀笳发。
千里涵空澄水魂，万枝破鼻飘香雪。
漏转霞高沧海西，颇黎枕上闻天鸡。
鸾弦代雁曲如语，一醉昏昏天下迷。
四方倾动烟尘起，犹在浓香梦魂裏。
后主荒宫有晓莺，飞来只隔西江水。

这是一首借古讽今的作品。先写陈后主沉迷饮酒作乐失去了国家，皇宫成为一片废墟，再写隋炀帝骄奢淫逸，即将步陈后主的后尘。通过对两位荒淫无度的皇帝的描写，暗喻唐朝的统治者要怀古思今，以史为鉴。

皇宫内，歌舞升平，陈后主和他的嫔妃们正在吟唱《玉树后庭花》。一曲即将唱完之时，天边突然乌云密布，皇宫被人攻陷，原本花团锦簇的宫廷转眼变成荒草丛生的废墟。秦淮河碧波荡漾，但河水并不知改朝换代的变化，依然荡漾着春色。隋炀帝在这九重深宫之内坐稳了皇位，游江都时，他不乘车马却乘船，豪华的帆船一艘接着艘，数不清的旗帜在空中迎风招展，锦帆上绣着金色的芙蓉花。船上的珠翠明明暗暗、闪烁不停，龙船驶过水面激起千层波浪。船上传来了胡笳的哀啼，那是演奏《泛龙舟》的声音。龙船经过的地方，天空晴朗，水面澄净，连水中的精怪们都畏惧隋炀帝的威严而不敢兴风作浪。千万株琼树开花了，犹如一团团香雪，色泽诱人，香气扑鼻。不知不觉间晚霞已然升起，太阳在大海的西面缓缓沉寂，睡在玉石做的枕头一觉睡到天明。起床后继续歌舞升平，饮酒作乐，就这样昏昏沉沉又过了一天。突然，烟尘四起，天下震动，国家动荡不安，而隋炀帝还犹如在梦中没有醒来。陈后主荒凉皇宫里的晓莺飞到隋炀帝的江都皇宫，只需要越过一条西江。

诗中先写陈后主不理朝政，骄奢淫逸，导致亡国。后写隋炀帝取而代之，但却不吸取陈后主的教训，反而步其后尘，继续荒淫无度，又致国不安定。最后质问隋炀帝，陈后主破败的宫殿与其皇宫仅一江之隔，难道其也想和他一样成为亡国之君吗？

自古以来，物极必反，盛极必衰，如果不能以前车之鉴为后事之师，那么国家走向灭亡也就不远了。温庭筠写这首诗当然不仅仅是讲述隋炀帝的故事，而是在说晚唐何尝不是如此呢？如果唐朝的皇帝不能以陈后主和隋炀帝为教训，那么他们的遭遇就是唐朝的明天。存在与灭亡之间的距离并不远。温庭筠用历史上血的教训和不可磨灭的事实来劝诫唐朝的皇帝千万不能再荒淫无度，要居安思危，励精图治，振兴国家。不管他自己的命运如何不堪，不管他对皇帝有多失望，他对国家的一颗赤胆忠心却从未泯灭，忧国忧民的思想在他脑海中从未逝去。因此，他也写下了很多这样的诗篇，以表达对国家最深沉的爱。

温庭筠写过很多首借古讽今的作品。在晚唐时期，直接抨击社会，尤其是揭露统治者腐败的诗词是不能随便写的。所以，借古讽今就成了作家们最好的表达方法，既可以发出自己的声音，又可以保护自己，温庭筠自然也会利用这种形式。

这个时候的唐朝其实已经内外交困、四面楚歌、岌岌可危，但统治者却还在梦中，唯有温庭筠这类清醒者一次次地发出声音。这声音虽然微弱，但喊的人多了，必然会引起统治者的注意。对于一个文人来说，既不能上战场打仗，也不能走上政坛为国家出谋划策，只能用手中的笔唤醒沉睡梦中的人。而这，就是一个文人的价值。对温庭筠而言，不管其境遇如何落魄，其骨子里的士人情怀都使他永远不会忘记这样的使命。

第十九节

芳樽细浪倾春醁——《夜宴谣》

长钗坠发双蜻蜓，碧尽山斜开画屏。

虬须公子五侯客，一饮千钟如建瓴。

鸾咽姹唱圆无节，眉敛湘烟袖回雪。

清夜恩情四座同，莫令沟水东西别。

亭亭蜡泪香珠残，暗露晓风罗幕寒。

飘飖戟带俨相次，二十四枝龙画竿。

裂管萦弦共繁曲，芳樽细浪倾春醁。

高楼客散杏花多，脉脉新蟾如瞪目。

这首诗依然是温庭筠心寄家国之作，描写了晚唐时期贵族们极尽奢华、纸醉金迷的夜生活，表达了他对晚唐统治者强烈的批评和谴责，以及对歌女舞女们的同情和关怀。

舞女们戴着长长的发钗，散乱着长长的头发，打扮得十分妖艳。她们背后是碧绿的山林幽谷，望向尽头才发现原来是一个大画屏。留着胡须的将领，穿着华贵衣衫的贵公子，还有五侯尊客，他们大口喝着酒，那豪饮的姿态就像大雨从屋顶倾盆而下。歌女的声音本来很动听，但因为哽咽而跑了调。舞女的姿态千娇百媚，但在旋转时却眉头紧蹙。主人希望宴席永远不散，所有的宾朋都能一直陪着他，不要像沟水那样向东西两个方向流走。

在众人皆欢的时刻，有谁会因看见燃烧后的蜡烛而想到他人的泪痕？谁又会因拂晓前的寒风而为他人感到寒冷呢？在会苑两边，一根根长戟排列整齐，上面挂着雍容华贵的缎带，描画着龙的戟竿足足有二十四根。歌女舞女们一直在唱啊跳啊，一曲接着一曲，她们的声音都有点嘶哑了，公子王孙还在不知疲倦地推杯换盏，笑着喝着。夜已经很深了，宴席终于散了，王孙公子们要回府去了。下人们燃起了灯笼，开满杏花的院内原本朦胧昏暗，此时突然亮如白昼。

这真是一幅纸醉金迷、醉生梦死的画面，一户贵族人家的宴会却是晚唐社会的缩影。晚唐时期，社会动荡，民不聊生，可贵族们却还在夜夜笙歌。他们无视当时的社会状况和国家的未来，个个麻木堕落，国家就是在这些人的麻木不仁中日益衰败的。而温庭筠骨子里的士人情怀和文人悲天悯人的情结使他无法麻木，更不可能对国家的现状置之不理，他天天坐立难安，但有心无力，只有用一首首诗词来叩问朝廷，警醒世人。

很多人都认为温庭筠只懂得儿女情长，只会写那些唯美主义的作品，是一个形式主义者，而事实上，这些都是对他的误解和偏见。中唐时期，在白居易的倡导下，诗人们竞相创作新乐府诗，针砭时弊，反映现实，晚唐时期的作家们继承了这一良好的写作风气。虽然温庭筠的此类作品不是很多，但是并不代表他不善长创作这样的作品。一个作家应该可以艺术多样化，既可以儿女情长，也可以针砭时弊，这只是题材不同而已，不能说前者就是堕落的，后者就是文明进步的。

而且，针砭时弊的作品未必都应像白居易的“满面灰尘烟火色，两鬓苍苍十指黑”那样简单和粗线条，因为对统治阶级的揭露不可能过于直接：一来缺乏韵味，不耐读；二来不利于诗人保护自己。晚唐时期，走向没落的封建统治阶级已经失去了盛唐时期曾有的胆略和包容，这也使得温庭筠、李商隐这样的诗人不得不用华丽而隐晦的艺术风格来表现作品的内涵。所以，温庭筠的风格注定与白居易不同，这既是主观条件决定的，也受到客观条件的制约。

温庭筠的许多作品从表面看来是写闺情，其实常常是以男女之情代指君臣之情，以闺怨暗含对皇上的指责和抱怨，在儿女情长的背后是他拳拳的家国之心。因此，他的作品绝不像大多数人都认为的那样充满了靡靡之音，而有着很深刻的社会内涵，只是很多人没有读懂罢了。同样的内涵可以用不同的表现形式来表达，像白居易这样直白的是一种形式，像温庭筠这样含蓄的也是一种形式，仅是形式不同而已，没有高低之分。

温庭筠的诗词之所以被世人误解，就是因为他的作品很少直抒胸臆，多是描写具象，即便抒发感情也是点到为止，给读者留下更多联想的空间。这只是他的写作习惯，或者跟他细腻、敏感的性情有关，这就使许多人误解了他的作品。

这首《夜宴谣》也是如此，作者只是描述贵族们醉酒歌舞的奢靡生活，让读者仿佛置身于丑恶之中，能自己看到这些人笑容背后的泪光，所以作者没有直接大声疾呼，讨伐丑恶。可是，这种沉默的批评有时比大声斥责更加有力度。因此，温庭筠的作品并非肤浅庸俗，也不是形式主义，而是在当时最好的表达方式。

第二十节

白头苏武天山雪——《达摩支曲》

捣麝成尘香不灭，拗莲作寸丝难绝。
红泪文姬洛水春，白头苏武天山雪。
君不见无愁高纬花漫漫，漳浦宴馀清露寒。
一旦臣僚共囚虏，欲吹羌管先汍澜。
旧臣头鬓霜华早，可惜雄心醉中老。
万古春归梦不归，邺城风雨连天草。

在这首诗里，作者表达了三种情感：对蔡文姬、苏武二人爱国精神的赞扬，对“无愁天子”高纬误国行径的斥责，以及对有雄心报国的北齐老臣们的叹息。

麝香即使被碾磨成尘香味依然不会消失，莲藕即使被折断但丝依然连着，就如同备受折磨的蔡文姬历尽千辛万苦终于回到家乡，饱受摧残的苏武头发都白了还一心想着祖国。和他们比起来，无愁天子“高纬就令人痛恨了。他天天饮酒作乐，荒淫无度。宴乐之后的邺城让人更觉清冷。终于有一天，“无愁天子”和他的群臣们沦为阶下囚。成了亡国奴的高维终日痛苦，懊悔万分，偶尔想吹吹羌笛娱乐一下，可羌笛还未响起，却已涕泪涟涟。和他一起沦为阶下囚的老臣们早已有了白发，他们虽然想光复祖国，可有心无力，只能借酒浇愁，在醉梦中度过风烛残年。自古以来，春天走了第二年还会回来，但失去的国家却再也不会回来，只见邺城内的连天荒草在凄风冷雨中飘摇。

这首《达摩支曲》运用了许多典故，如蔡文姬、苏武以及“无愁天子”高纬的故事，又用了对比的手法，把坚贞爱国的蔡文姬、苏武与昏庸误国的高维做对比，以此来警示唐朝的统治者，若其昏庸无度，也会招致亡国。

这首诗在艺术上的特点是多方烘托，用“麝碎香存、藕断丝连”来比喻蔡文姬和苏武的坚贞以及对国家绵绵不断的思念，再用北齐亡国的血泪来表达亡国后的生活是多么地不堪。其从时间、空间、情感各方面反复渲染和烘托，提高了整首诗的感染力。

而整首诗的主旨只有一个，那就是揭示高纬亡齐的历史教训，警示晚唐统治者要提高警惕，不可重蹈覆辙。所以，这首诗给腐败的晚唐统治集团扎了一针。可惜，当时的晚唐统治者早已麻木，这种针刺他们未必能感到痛楚。晚唐时期，皇帝更换频繁，多数皇帝皇位尚未坐稳就被人拉下马。所以，皇帝们登基之后都忙着铲除异己，保住自己的皇位，哪有精力去治理国家。再加上朝政大权常常被宦官或其他大臣所掌握，皇帝们想治理国家也是有心无力。多数皇帝又昏庸无能，索性吃喝玩乐，醉生梦死，过一天算一天。唯一一个有能力的皇帝唐武宗也被他的政敌们害死了。因此，温庭筠的这声警钟即便敲到了统治阶级身上，也是只听声音未闻回响，没有什么作用。但对于一个满怀爱国之心的文人来说，温庭筠所能做的也只有如此了。

在即将离开长安的日子里，温庭筠似乎无事可做，只能写写诗词。他经世济国的理想在现实中不可能实现，所以只能在诗词中一表情怀。在诗词中，他一次次表达着对国家的期望，对统治阶级的愤慨。纵然不能走向仕途，他仍然在用另一种方式追逐着其经世济国的理想。他骨子里的士人情怀是根深蒂固的，不会因外界的任何变化而消失。虽然鉴于形势他不能有所作为，但他仍然可以思考。他经世济国的梦想可以化为一首首诗词表达出来，对于一个作家来说，只要他还能表达，只要他还愿意表达，他就永远不会“死”。

第八章

一世知己，无奈情缘

温庭筠一生为理想而奔波，对他坎坷的政治生涯我们已经有所了解，但对他的感情生活却一无所知。民间流传着他与一位女子的传说，这位女子叫鱼玄机。但鱼玄机不是他的妻子，也不是他的情人，只是他的学生、他的朋友、他无话不谈的知己。温庭筠与这位红颜知己有缘，有情，但无分。二人相互写下诸多诗篇，记录了他们一生的情意和无奈的缘分。

第一节

素琴机虑静——《早秋山居》

山近觉寒早，草堂霜气晴。

树凋窗有日，池满水无声。

果落见猿过，叶干闻鹿行。

素琴机虑静，空伴夜泉清。

这首诗是温庭筠写给自己的学生，同时也是红颜知己的鱼玄机的。鱼玄机是晚唐时期一位大名鼎鼎的女诗人，原名鱼幼薇，家住鄠杜，而鄠杜也是温庭筠在长安的居所所在。温庭筠与鱼玄机相识于唐宣宗大中八年（公元 854 年），正是他屡试不第之时，那一年，鱼玄机十岁。温庭筠与鱼玄机是怎么认识的呢？

鱼玄机自小素有才华，琴棋书画样样精通，尤其写得一手好诗词，幼年时就闻名京城。鱼玄机的才华引起了温庭筠的注意，他很想见识一下这个小女孩才华几何，竟然被大家传得如此神乎其神。

在一个阳光明媚的下午，他来到鱼玄机的家中拜访她。鱼玄机和母亲住在一个破旧的小院中，父亲已经去世，她和母亲靠给附近青楼娼家做针线和浆洗的活儿来勉强维持生活。

十岁的鱼玄机浓眉大眼，灵气逼人，十足的美人胚子。温庭筠的大名也早已闻名长安，所以突然见到温庭筠的鱼玄机也非常激动。温庭筠说明来意后，请鱼玄机即兴赋诗一首，想看看她是否真的如他人所说那般有才情。鱼玄机立刻以“江边柳”为题赋诗一首。温庭筠一看大为惊喜，无论是从遣词造句、平仄音韵，还是从意境诗情上看，那都是难得一见的佳作。这样的诗竟然出自一个十岁的小姑娘之手，而且是即兴之作，温庭筠不能不大为叹服。这样富有才情的女子却生活在如此穷苦的环境中，温庭筠不禁心生怜爱，从此以后就时不时地帮助她。而鱼玄机也非常敬佩温庭筠的才华和为人，于是拜他做老师。温庭筠和鱼玄机之间既像师生，又像父女和朋友，相处得非常融洽。

从此以后，这对忘年交就常在一起吟诗作赋，你写一首，我和一首，其乐融融。大中九年（公元 855 年），温庭筠参加进士考试时大闹考场，又得罪了丞相和皇上，被皇上贬到隋县当县尉。在他离开长安之时，鱼玄机作《早秋》为他送行，而他则作了这首《早秋山居》相和。

这首诗描写的是初秋山居的气候和景物。刚刚走近大山，便觉一股寒气袭来，此时才刚刚入秋，天气就已经颇有凉意。在这样的早上，阳光洒满白霜覆盖的草屋，更觉天气晴朗。这两句是通过触觉和视觉把读者带入秋天的氛围的。

树上的叶子不知何时已经凋落，阳光铺满窗台。池塘里的水涨高了，曾经的流水声也听不到了。“有日”和“无声”是一种对比的写法，再次通过视觉和听觉、静景和动景来表现早秋的特征。

看到地上的果子就似乎看到来这里采果子的猿猴，看到干枯的树叶就似乎听到小鹿经过这里发出的声音。这两句再次从视觉和听觉来描写，但此处皆是作者的联想，而不是他亲眼所见。猿和鹿生性胆小，对人很警觉，人不出现的时候它们才会出现，所以这里的“猿过”和“鹿行”都是作者的猜测。上一联描写的是静态，而这一联描写的则是动态。

最后两句是整首诗集中表达情感的地方，也是全诗的重点。在这寂静的夜晚，作者手抚素琴，弹奏着动人的乐曲，泉水发出清脆的声音，人似乎进入一个纯净空明的世界。前三联都是描写秋天的景物，而最后一联作者由描写山中寂静清幽的景色上升到写山居中的人。在空旷的山中，琴声与水声相和，使作者进入一种空灵的境界。

整首诗给我们的感觉是心旷神怡，作者的心情非常闲适，这种闲适既是主观心情又是客观环境，作者本就心情不错，又受到早秋美丽景色的感染，心情就更加愉悦。

这首诗的取景都是司空见惯的景物，温庭筠却把它组合成一幅佳画，足见他善于观察并善于取材的本领。他把写诗当成作画，只需要把一个个景物按照时间、空间、情感等逻辑组合起来，再按视觉、听觉、触觉、味觉等感觉依次描写，并把动与静相结合，之后加上自己丰富的联想，就为我们创造了一个个生动的形象和一个个难忘的意境，而所有这些最终组成了一首首美丽的诗篇。可见，写作对于温庭筠来说已经成了一种“游戏”，他每写一首新作品就像创造一个新游戏，如此循环，乐此不疲。

在这首诗中，温庭筠的心情是如此平静、闲适，没有儿女情长的纠结，没有忧国忧民的痛苦，也没有感怀身世的顾影自怜。他的心情平和简静，哪怕是即将被贬往异地他乡，他也没有在诗中流露出一丝一毫的悲情和消极。如此正能量十足的诗在温庭筠的作品中是少有的。或许在学生面前，老师不能软弱，必须坚强。在比他更弱小的鱼玄机面前，他只能源源不断地给她正能量。这就是温庭筠和鱼玄机之间的感情，亦师生，亦亲人，亦朋友。

也许，这才是温庭筠人生中最平静的一段时光。然而遗憾的是，他的心中有太多的羁绊和抱负，致使他绝不可能在平静中度过一生。

第二节

江上几人在——《送人东游》

荒戍落黄叶，浩然离故关。

高风汉阳渡，初日郢门山。

江上几人在，天涯孤棹还。

何当重相见，樽酒慰离颜。

温庭筠离开长安来到隋县以后，与鱼玄机便没有什么机会再见面了。鱼玄机对他甚是思念，经常给他写信，而温庭筠也常常以诗词相和。鱼玄机曾作《冬夜寄温飞卿》，温庭筠则作《晚坐寄友人》；鱼玄机作《感怀寄人》，温庭筠以《鄠郊别墅寄所知》相和，鱼玄机再作《闻李端公垂钓回寄赠》、《赠邻女》相赠。十六岁时，鱼玄机又作《寄飞卿》，温庭筠回作《初秋寄友人》，鱼玄机作《和友人次韵》相和。在不断的书信往来中，师徒二人一起探讨诗词、人生、情感，彼此鼓励、慰藉，也因此消除了许多寂寞。在隋县、襄阳那段颠沛流离的日子里，和鱼玄机之间的书信往来也成了温庭筠心中一种重要的情感寄托。

可是，温庭筠和鱼玄机不仅是一对师徒，同时也是一对男女，男女之间交流多了，又这么投机，必然会产生感情。在鱼玄机写给温庭筠的一首五言律诗《寄飞卿》中，她就大胆地吐露了自己的爱慕之情："阶砌乱蛩鸣，庭柯烟雾清。月中邻乐响，楼上远山明。枕簟凉风著，瑶琴寄恨生。嵇君懒书礼，底物慰秋情。"面对学生的炽热深情，温庭筠却步了。身份上，他是鱼玄机的老师；年龄上，他比鱼玄机大几十岁；相貌上，他和鱼玄机完全不般配；而前途上，此刻是他一生最落魄的时候，他看不到自己的将来。这样的自己能给鱼玄机带来什么？他心中对天资聪颖又相貌可人的鱼玄机当然暗藏情愫，但是他必须把这份感情控制在师生或朋友的界限内，不敢逾越一步。

鱼玄机心中自然是十分失望的，只能借一首首诗词婉转地向温庭筠表达相思之情。在《冬夜寄温飞卿》一诗中，鱼玄机写道："苦思搜诗灯下吟，不眠长夜怕寒衾。满庭木叶愁风起，透幌纱窗惜月沈。疏散未闻终遂愿，盛衰空见本来心。幽栖莫定梧桐处，暮雀啾啾空绕林。"温庭筠写尽了世间的儿女情长，怎会不明白鱼玄机的心思？但他何以为报？倘若他也以柔情万种、深情款款的诗句相迎，鱼玄机也许就成了温夫人。但他不能！他能为鱼玄机做的事情就是为她找一个好的归宿。

鱼玄机十四岁那年，在温庭筠的撮合下，她嫁给了状元李亿。鱼玄机也自此斩断了对温庭筠的思恋，把感情移到李亿身上。虽然两人彼此十分相爱，但鱼玄机却受到李亿正妻的百般刁难，因此她婚后过得并不幸福。鱼玄机十七岁那年，为了排遣心中的苦闷，她决定东游。而温庭筠刚好有机会回到长安，他特意前去送行，并作《送人东游》赠予鱼玄机。

他在诗中写道："荒废的哨所遍地黄叶，此时正是萧瑟的秋天。你即将远行，别离的愁绪涌上我的心头，但你东游的决心毅然豪迈，完全不像我这般忧伤。你走了以后，荆山楚水，你我远隔千里，只有让辽阔雄奇的山水寄托我的思念。你在汉阳那边不知有几个朋友，有没有人可以照顾你。现在你孤舟漂泊天涯，我心里十分担心，只盼你早点回来。不知到什么时候我们才能再见面，到时一定要多喝几杯，以抚慰你离别的愁颜。"

鱼玄机即将孤独远行，温庭筠依依不舍，担心、思念之情溢于言表。他既担心鱼玄机孤舟远行会寂寞，又担心她到了汉阳之后没有人照顾，更盼望她能早日归来，看来他对鱼玄机的感情相当深厚，对她的牵挂也特别悠长。相比较起来，鱼玄机倒显得比较淡定，这一点从"浩然离故关"五个字就可以看出来，她这次东游的决心异常坚决，甚至充满男儿般的豪情和正气。

这首送别诗整体意境雄浑壮阔，慷慨中稍微带着悲凉，但比起温庭筠其他婉约绮丽的作品来说，显得非常大气。即使有黄叶飘零、天涯孤棹，但气氛并不低沉，或许是因为鱼玄机的"浩然"感染了温庭筠。

鱼玄机嫁人以后，虽然仍与温庭筠保持着来往，但此时的两人已经成了彼此的红颜和蓝颜。温庭筠依然时时刻刻关怀着鱼玄机，虽然他们之间没有夫妻的缘分，这让两人都感到无奈，但他们依然可以做一辈子的知己。

第三节

事随云去身难到——《西江贻钓叟骞生》

晴江如镜月如钩，泛滟苍茫送客愁。

夜泪潜生竹枝曲，春潮遥上木兰舟。

事随云去身难到，梦逐烟销水自流。

昨日欢娱竟何在，一枝梅谢楚江头。

这是一首感怀身世的赠别诗，通过对江边景物的描绘以及对往昔乐事的回忆，抒发了作者离别友人的愁绪与身不由已的感叹。

“天刚微亮，弯弯的月亮还悬挂在天际，江面清澈得如同一面镜子，我在楚江边与朋友话别。水波荡漾，江面上闪着耀眼的光芒，我即将远行，心中的愁绪就如同这苍茫的楚江一样悲凉。巴蜀之地的民歌曲调婉转，声调悲凄，趁着这春天的潮水赶快划上木兰舟而去。往事就像滔滔江水一样一去不复返，曾经追逐的梦想都已经烟消云散，水还在流，可昨天的欢乐都已经不再。我就像一朵梅花凋谢在楚江之上，从此顺着楚江漂泊而去，难觅踪影。”

这首诗的前四句描写的是黎明时分江面的景致和送别时的情景，后四句则表达了作者离别时的感慨。重要的是后面四句，深刻地表达了作者无可奈何、身不由己、随波飘零的心境，非常凄凉。尤其是诗的最后一句，把一朵梅花置于广阔的楚江之上，更让人觉得人的渺小和无奈。整首诗向读者表达了一种“昨日不可追，明日又何在”的无奈情怀。

这首诗也是温庭筠写给鱼玄机的作品。鱼玄机在十八岁那年的春天结束东游回到长安，而温庭筠也已经回到襄阳。温庭筠先后给鱼玄机写了两首诗，分别是《渚宫晚春寄秦地友人》和《西江贻钓叟骞生》。此时的温庭筠过得相当落魄，漂泊不定。他有点自暴自弃，甚至放浪形骸，但他不能让鱼玄机知道他真实的生活现状，更不想在鱼玄机心目中留下一个负面的形象。因为他是鱼玄机的老师，是她的长辈，但更重要的还在于他非常在乎鱼玄机怎么看自己。在别人的眼中他可以邋遢不堪，但在鱼玄机眼中，他的形象必须是健康正面的。但是，他心中也有痛苦和烦恼，不吐不快，所以难免在诗词中透露出来。

而此时的鱼玄机过得也不快乐。她和李亿的婚姻遭到李亿正妻的强烈反对和阻挠，李亿最终抛弃了她。所以，她的痛苦并不比温庭筠少。或许此刻，无奈飘零、感怀往昔是两人共同的感受。于是，这对同病相怜的天涯沦落人更需要彼此了，他们在频繁的书信往来中互相倾诉，互相慰藉，在心灵上互相搀扶着度过余生。

人往往在逆境中最需要真挚的朋友，而在这个时候能陪伴，左右的才是最真、最好的朋友。温庭筠和鱼玄机便是这样一对朋友，他们虽然年龄相差很多，虽然不是情人，但这并妨碍他们成为彼此黑暗中的一点微光、逆境中前行的动力，他们互为此生的知己。

第四节

和风澹荡归客——《送李亿东归》

黄山远隔秦树，紫禁斜通渭城。
别路青青柳发，前溪漠漠花生。
和风澹荡归客，落日殷勤早莺。
灞上金樽未饮，宴歌已有余声。

李亿，字子安，唐朝时期状元，官授补阙。李亿是鱼玄机的丈夫，也是温庭筠的朋友。李亿认识鱼玄机的时候，已官至左补阙。温庭筠见他生得端正健壮，又性情温和，而且前途无量，就想如果能把鱼玄机托付于他，自己也就放心了，于是就极力撮合他们在一起。李亿对鱼玄机一往情深，二人也确实很般配，鱼玄机最终就接受了李亿。这首诗就是李亿来探望鱼玄机时，温庭筠受鱼玄机所托送李亿回府时所作。

开头两句写黄山和秦树远远相隔，紫禁城和渭城遥遥相望，这是从远景来描述长安的地势和风貌。三四句立刻移为近景：送别的路上柳树青青，别地灞上大片大片都是盛开的花朵。五六句开始写送别客人："微风和畅，夕阳西下，早莺在殷勤地啼叫，我正在送别我的朋友。"七八句则描写送别时的依依深情："酒还没有喝完，宴会上的歌声好像还在耳边回荡，但你就要启程了。"

这首诗非常质朴，作者娓娓道来，不加雕琢，不见用力，但呈现出的风格却十分清新。

鱼玄机和李亿虽然两情相悦，但无奈李亿家中早有正妻，他的正妻蛮横霸道，恶意阻挠鱼玄机走进李家大门，就连住在李亿为她安排的别墅里都不行。正妻娘家势力很大，李亿不敢得罪，于是被迫写下休书，把鱼玄机赶了出去。但李亿却暗地里在曲江一带找了一处僻静的道观，并给此观捐了不少钱，把鱼玄机安顿下来。李亿时不时来道观看望鱼玄机，这首诗就是李亿有一次来看望鱼玄机后回去时，鱼玄机托温庭筠前来相送，温庭筠在送别李亿时写的。

温庭筠对于鱼玄机的遭遇自然是十分痛心，他本希望给她找到归宿后，她能过上好日子，谁知李亿家中有个悍妻，致使鱼玄机现在不得不住在道观里。这门婚事本是温庭筠撮合而成，鱼玄机过得不幸福，他心里当然也不好受。后来，李亿受其妻的阻挠，再也没来看过鱼玄机，鱼玄机在这荒凉的道观里过了一生，最终惨死。鱼玄机的命运和温庭筠的一样坎坷悲凉，或许是因为老天爷妒忌有才华的人吧。这对同病相怜的知己在以后的岁月里成了彼此的精神支柱。

第五节

王孙莫学多情客——《和友人伤歌姬》

月缺花残莫怆然，花须终发月终圆。
更能何事销芳念，亦有浓华委逝川。
一曲艳歌留婉转，九原春草妒婵娟。
王孙莫学多情客，自古多情损少年。

鱼玄机在咸宜观的日子自然是非常寂寞的，只有以创作诗词来排遣孤独。她曾作《和新及第悼亡诗二首》，温庭筠作《和友人悼亡》相和；鱼玄机又作《代人悼亡》，温庭筠又以《和友人伤歌姬》相和。

这首诗叫《和友人伤歌姬》，“和”就是指创作诗词的题材或体裁与对方一样。温庭筠和鱼玄机之间有很多这样的诗词，这成了他们交流的方式。

诗中温庭筠说道：“月亮残缺、花儿凋谢都是正常的自然现象，不必过度伤心，花儿凋谢了明年还会再开，今天的月亮虽然只有一半但十五就会再圆，这有什么好悲伤的呢？我该怎么做才能消除你内心的痛苦，让你不那么想念逝去的朋友呢？再艳丽芬芳的花朵也会随着川流东去，不是只有你的朋友会逝去。虽然你的朋友去世了，但她的歌声是那么婉转动听，直到现在依然回荡在我们心中。这样有才情的美丽女子，即便是她坟前的春草也会妒忌她。自古以来，重情之人容易悲伤，但这样除了损害自己的身心外，又有其他什么好处呢？你逝去的朋友也不愿意看到你过度伤悲，所以请你不要学那些过于多情的人如此哀伤了。”

这是一首劝慰诗，从头至尾都在劝慰朋友不要太悲伤。应该是鱼玄机有位歌姬朋友去世，鱼玄机特别难过，因此温庭筠写这首诗劝慰她。他先从大自然的花开花落、月缺月圆说起，说明人的死亡都是自然规律，谁都不可避免，请鱼玄机不要太伤心。然后又赞美鱼玄机的歌姬朋友，说她的歌声优美动听，人又容貌姣好，连春草都嫉妒她。赞美朋友的朋友，朋友自然会很开心，这样说也能使鱼玄机觉得温庭筠的心情和她一样悲痛。体会朋友的感受，并把自己放到和她一样的位置，劝慰的语言往往更能打动人心。由此可见，温庭筠深谙劝慰之法。最后，温庭筠又劝鱼玄机不要做过于重情之人，越是重情就越容易伤害自己，这样又有什么好处呢？这是逝去的朋友都不愿意看到的。

温庭筠虽然这样劝鱼玄机，但他自己又何尝不是这样重情的人。他的朋友李羽、李德裕、太子李永去世以后，他自己何尝不是痛苦了很久，写了一首又一首诗词来悼念他们。每次孤单寂寞和无助的时候，他依然会想起他们。温庭筠之所以如此耐心地劝慰鱼玄机，固然是因为他心疼鱼玄机，但同时也是因为他能够体会鱼玄机失去朋友的心情。温庭筠对死去的朋友都如此重情，对活着的朋友自然更是重视。在他的心里，鱼玄机有着重要的位置，不是爱人却胜于爱人。

相信鱼玄机看到这首诗一定会觉得很欣慰，能有这样一位贴心的朋友语重心长地劝慰自己，她深感自己既幸运又幸福。在鱼玄机的一生中，温庭筠扮演了很重要的角色。她幼年时，温庭筠教导她、帮助她，少年时又为她寻觅佳偶。她婚姻不幸，温庭筠处处开导她。她孤单寂寞时，温庭筠与她诗词唱和，为她排遣寂寞。她失去朋友伤心难过，温庭筠苦口婆心地劝慰她。这是一位比亲人还亲的人，比爱人还近的人。温庭筠和鱼玄机之间究竟是一种什么样的感情？有没有男女之情？或许有。但在两个人的心中，这份男女之爱或许早就升华了，升华成一种包括师徒情、父女情、朋友情、男女情的亲情。他们是无话不谈的朋友，是心心相印的知己，遇到困难时总是会立刻想到对方。

不过，鱼玄机最终被李亿抛弃，在咸阳道观里过了一生。虽然温庭筠和鱼玄机的余生都过得比较痛苦，但幸运的是，两个人可以成为彼此痛苦日子里的精神陪伴者，使悲惨的日子变得不那么痛苦。鱼玄机和温庭筠去世后，二人的故事在坊间流传了下来，他们互相唱和的那些诗词也仿佛在向世人诉说着他们之间永恒不变的情谊。

第九章

凝愁含恨，放浪形骸

得罪了丞相和皇上，自然不可能有好下场，温庭筠因而被贬到了隋县。在去隋县的路上，他悲故乡，思杜陵，然而故乡却越来越远。他想化作神仙而去，过无忧无虑的生活，然而终究不能。在隋县和襄阳的日子里，他满怀愁与恨，放浪形骸，萎靡不振，甚至写下了靡靡之音。虽然他仍旧心系国家，然而国家带给他的却只有悲凉。隋县、襄阳都不是他的长久之地，哪里才是他的归宿呢？垂暮之年的温庭筠还在飘零。

第一节

鸡声茅店月——《商山早行》

晨起动征铎，客行悲故乡。

鸡声茅店月，人迹板桥霜。

槲叶落山路，枳花照驿墙。

因思杜陵梦，凫雁满回塘。

这首诗是羁旅作品中的名篇，其中“鸡声茅店月，人迹板桥霜”一句更是被后世推崇，传诵至今。为什么这首诗会得到这么多人的钟爱？是因为作者塑造了鲜明的艺术形象，他在其中描写的旅人的感受是那么深刻，写出了太多人的共同感受。

早晨，天刚蒙蒙亮，远行的人就开始收拾行装。伴着马车上的声声铃响，旅行的人开始踏上旅程，可刚刚踏上征程就悲从中来，心中开始强烈地思念自己的故乡。这时听到了公鸡鸣叫的声音，在这寂静的早晨显得格外嘹亮，旅人望着天空，月亮还未隐去，茅草屋被月光温柔地包裹着，早春的寒霜覆盖在木板桥上，凌乱的足迹踏满了整个桥面。荒山的小路上落满了枯败的槲叶，这情景感觉有些凄凉。白色的枳花开在驿站两旁，在月光的照耀下，花影在驿站的墙壁上晃动。看着这美丽的景色，旅人想起了昨晚的梦境，在梦中，他回到了故乡杜陵，在杜陵的池塘边，一群群凫雁正在快乐地嬉戏。

商山也叫楚山，诗中的杜陵指的是长安，所以这首诗是作者被贬隋县时途经楚山所作。

这首诗给我们的整体感觉就是旅途寂寞，思念家乡。天还没亮就起床赶路，人还没走就开始思念家乡。“在家千日好，出门万事难”，人情淡薄，此次被贬到一个陌生的地方，不知道会有什么在等待着自己。作者心里忐忑又悲凉，自然就思念家乡了。纵然旅途中也有美丽景色，但依然驱散不了游子在外的孤寂之情和浓浓的思乡之意。作者感怀的不仅是一段旅途的漂泊，更是长长人生旅途中的飘零，他的心中充满了失意与无奈。

这首诗不仅情感浓烈，描写的景色也令人过目难忘，霜、茅店、鸡声、人迹、板桥、月这六个意象把一个山村初春的景色勾勒得异常动人。虽然没有一个“早”字，但从鸡声和月便可得知这确实是早行。“槲叶落山路，枳花明驿墙”这两句也是告诉人们此刻是早春。因为商山一带枳树、槲树很多，槲树的叶子冬天虽然干枯却不凋落，待第二年春天其他树木发芽时才纷纷凋谢，所以从山路上的槲叶也可得知此时是早春。而白色的枳花在白天一点都不显眼，但此时却能照亮驿站，正是因为这个时候天还没有完全亮，所以白色的枳花才显得非常亮，从这个意象再次说明了是“早行”。可见作者不着一字，却已经把一切都说得明明白白了。

旅途中的美丽景色使作者想起了自己家乡的景色，家乡的春天何尝不是美如画卷呢？这个时候自己在长安的居所鄠杜一定是池塘水暖，凫雁自得其乐。而自己却快乐不起来，离家越来越远，心情就越来越失落。“杜陵梦”与“悲故乡”相对应，故乡的景色与旅途中的景色互相对比，使读者对作者的心情更加了然。

温庭筠一生有两个故乡。第一个是吴中，他在那里度过了前半生，那里留下的都是快乐的青春记忆。第二个是长安，除去羁游和被贬的日子，其余的时光他都在那里度过。这个故乡带给他更多的虽然是痛苦的记忆，但是更让他无法忘怀，因为那里寄托着他的理想、梦想、爱恨情仇和喜怒哀乐。对吴中，他的记忆是单纯的；而对长安，他的感觉则是五味杂陈、又爱又恨的。现在，他要离开这个让他又爱又恨的地方了，心中难免空落落的。这就是《商山早行》这首诗中他真实的心情。对过去，他无法忘怀；对未来，他不知还敢不敢期待。他带着这样的心情走向隋县。

这首诗结构缜密，情景交融，是唐诗中的名篇。在历史上的羁旅诗中，应该有它的一席之地。

第二节

网轩未辨凌云字——《晓仙谣》

玉妃唤月归海宫，月色澹白涵春空。
银河欲转星靥靥，碧浪叠山埋早红。
宫花有露如新泪，小苑丛丛入寒翠。
绮阁空传唱漏声，网轩未辨凌云字。
遥遥珠帐连湘烟，鹤扇如霜金骨仙。
碧箫曲尽彩霞动，下视九洲皆悄然。
秦王女骑红尾凤，半空回首晨鸡弄。
雾盖狂尘亿兆家，世人犹作牵情梦。

《晓仙谣》是温庭筠创作的一首游仙诗，这个题材在他的作品中还是比较少见的。在这首诗中，温庭筠描绘的是一个缥缈朦胧、富丽堂皇的神仙世界，表达的却是不与权贵势力同流合污的理想精神。所以，这首诗给我们的整体感觉是言辞唯美、哲理深刻。

作者描写的神仙世界是什么样子的呢？皎洁的月亮变成一个调皮的小孩，从家里——海宫跑到了天空，玩得忘乎所以，忘了回家。玉妃不得不呼唤月亮：快回到海宫里去吧。这时的海面上，月色淡白，碧色的海浪一层层如山叠。夜已经很深了，天空中挂满了星星的笑脸。那大海深处的宫殿里，花正红。花上闪烁着珍珠般晶莹剔透的露珠，就像少女刚刚流下的眼泪一般纯净透明。小苑里那一丛丛青翠的树木，在月光的照耀下闪着寒冷的光。

空荡的绮阁中传来更漏声，高高的挂满珠网的轩堂像是要耸入云端，只是现在还是深夜，仅靠朦胧的月光还看不清高轩上面的字迹。但是远远地却看得到轩内的珠帐，那淡蓝色的珠帐似乎与湘水的烟波连在一起。玉妃浑身金光闪闪，摇着用白鹤羽毛做成的扇子，那扇子如霜一样白。此情此景，仿佛一首由玉箫吹奏的小曲刚刚落幕，漫天的彩霞都为之动容，但大地上的人们却安静地回味着这动人的箫声。秦王的女儿骑着红色尾巴的凤凰飞走了，在空中默默回首，此时她听到了晨鸡的叫声。他们都仙去了，而世间的人们却还在悄悄地做着各自的梦。

在这个神仙世界中，美境如画，连月亮都变成淘气的孩子。秦王的女儿被这个神仙世界深深吸引，最后骑着凤凰仙去。可是尘世间的人却没醒，还在这污浊的人世间做着自己的梦。作者这样写是什么意思呢？正是对当下社会进行抨击。晚唐时期小人得势，权贵当道，社会已经污浊不堪，还留在这个世界干嘛呢？不如仙去，去寻求一个纯净明洁的神仙世界。可是还有人没有看到这个世界的污浊，或者看到了也装作不知道，宁愿浑浑噩噩地生活着。

不过在这里，作者表达的也可能是另一个意思。神仙世界虽好，但自己还是不愿为仙，因为那是一种逃避，是一种妥协，自己还是愿意留在这污浊的人世间与丑恶的现实做斗争，所以宁愿梦不醒。这是作者的固执之处，也是他不可救药的性格所致。

此时的温庭筠已经被皇上贬到隋县，当了一个小得不能再小的官。在隋县的日子是他境遇最为落魄、心情最为不堪的时候。他讨厌这个污浊的社会，可又逃不开；他想反抗这个沉沦的社会，可又无能为力。他只好在内心构建一个纯洁无瑕的理想世界，让自己去神游一会儿，当成片刻的解脱或慰藉。这或许就是《晓仙游》的由来。这时候的温庭筠已经到了人生的暮年，他已经没有梦想，但尚有自己的精神世界。《晓仙游》就是他精神世界的一部分，只有在自己构建的精神世界里，他才能得到短暂的快乐和幸福。

第三节

王家欲解围——《光风亭夜宴妓有醉殴者》

吴国初成阵，王家欲解围。

拂巾双雉叫，飘瓦两鸳飞。

从诗名来看，这首诗写的是，一群歌伎在一个宴会上喝酒调笑并醉酒斗殴的事情。

诗里写道：夜晚，嘈杂不堪的宴会上，歌女们不知因为什么闹哄哄地分成了两帮，吵闹中好像要动起手来，这时一个姓王的女眷准备出来解围。突然，两位歌伎大喊大叫，互相撕扯对方的头巾，鞋子也扔了出去，屋顶上的瓦片都被她们乱扔的东西砸了下来，院子里的鸟儿也被惊得到处乱飞。

从内容上看，这是一首格调不高的作品，描写了几个歌女喝醉了吵架打闹的场景。这种题材显然并不适合写在诗里，虽然作者连用了四个典故，企图化低俗为高雅，但仍然无法消除其中的低俗。温庭筠曾经写过不少辞藻艳丽的作品，也写过一些内容较为露骨的诗词，但是创作内容如此低俗、言辞如此直白无味的作品却是首次。无论我们如何发挥联想和细心体会也无法在这首诗中找到更多的意义。那我们只能说这确实是一首无聊之作。但是，温庭筠为什么会写这样一首诗？在诗词艺术上一直有自己追求的他为什么要自甘堕落？

或许，温庭筠听到这两句质问，心情一定会非常低落，因为他当时的生活状况和心情状态实在是混乱不堪、非常糟糕。他被贬到隋县时，整个人非常颓废，却在隋县碰到了一个老朋友，就是徐商。徐商与温庭筠是在开成五年（公元840年）认识的，温庭筠也曾经在他的幕府里做事。徐商对温庭筠的才华是有一定了解的，对他此番遭遇也十分同情。而隋县刚好在徐商的管辖之内，出于对温庭筠的一种保护，也是为了解决他日后的生计问题，徐商把他调到了襄阳幕府，温庭筠在襄阳做了一名巡官。

这是个小得不能再小的官职。此时的温庭筠对自己的前程已然绝望，不知自己何时才能再回长安。他一生清高桀骜，自命不凡，如今沦落到这般地步，心情自然是糟糕透顶。他性格中本来就有不羁的一面，再加上此刻有意放纵，他竟自暴自弃、自甘堕落起来。他和襄阳幕中的一些文人经常饮酒作乐，游赏戏谑，出入烟花柳巷，同一些歌伎来往甚密。而这首《光风亭夜宴妓有醉殴者》就是在这种情况下写的作品。

文人大都有玩世不恭的一面，但这玩世不恭多是在被社会遗弃之时作为一种反抗而出现的。温庭筠用积极认真的一面无法赢得社会对他的认同，那么他干脆就以一种负面的形象出现。或许，当时温庭筠内心的潜台词是：“你们说我‘有才无行’，我就‘无行’给你们看；你们说我肤浅庸俗，我就庸俗给你们看；你们说我写侧艳之词、靡靡之音，那我就写你们看。”这是一种多么令人心痛的无奈啊，没有人理解温庭筠，所以他也不需要别人理解了。当一个人不需要世人的认同和理解时，他还有什么好顾忌的呢？所以，放浪形骸、游戏人生、写庸俗无聊的靡靡之音的温庭筠出现了。这样的生活态度包含的是对朝廷和那些陷害他的小人的仇恨！在襄阳的日子里，温庭筠心中确实满怀着忧愁与仇恨。

第四节

暮雨朝云世间少——《答段柯古见嘲》

彩翰殊翁金缭绕，一千二百逃飞鸟。

尾薪桥下未为痴，暮雨朝云世间少。

这也是温庭筠旅居襄阳时的作品。在这首诗里，一个老年新郎的形象出现了。一位老人头上插着彩色的羽毛，身上穿着新衣服，正要去迎接自己的新娘。他并不是皇帝，没有佳丽三千，只不过专情一个人而已。尾薪在桥下抱着桥柱子而死，并非是因为他痴傻，而是因为他守信用。老人娶新娘也并非因为他好色，而是因为他的新娘珍贵得如暮雨朝云一样，世间少有。

这首诗的里的新郎是谁？正是温庭筠自己。当时的温庭筠已经年逾花甲，故自称“翁”。老年的温庭筠怎么又当新郎了呢？这位新娘是他在襄阳认识的一位歌伎，彼此相识相恋后，温庭筠经府主同意，娶回家做了自己的侍妾。这件事曾经遭到温庭筠朋友的嘲笑。他有一个朋友叫段成式，曾写过两首诗专门嘲笑温庭筠老年娶妻之事。一首叫《嘲飞卿七首》，另一首叫《柔卿解籍戏呈飞卿三首》：“长担犊车初入门，金牙新酝盈深樽。良人为渍木瓜粉，遮却红腮交午痕。最宜全幅碧鲛绡，自襞春罗等舞腰。未有长钱求邺锦，且令裁取一团娇。出意挑鬟一尺长，金为钿鸟簇钗梁。郁金种得花茸细，添入春衫领里香。”柔卿就是温庭筠新娶的这个新娘。

在这三首小诗里，段成式嘲笑温庭筠一把年纪了还娶老婆。但从这三首诗中也可以肯定，温庭筠在襄阳时的确娶过一位侍妾。

温庭筠之所以写了那么多闺情之作，同时又擅长写儿女情长，自然是有些生活体验的。他有一些女性朋友，但并不完全是淫乱或低俗不堪的，其中也有一些颇有才情的女子，比如他的红颜知己鱼玄机，还有这位成为他侍妾的歌伎。在唐朝，文人与这些有才情的歌女交往，并不是一件多么耻辱的事情，反倒是一种风气。温庭筠对风月场上的这些女子并不鄙视，反倒对她们投以同情的目光，也为她们写下了许多诗篇。他能把这些女子的生活环境、容貌打扮、情感心理描写得那么细致准确，是因为他了解她们的生活。而他同这位柔卿的这段情，就为他提供了最直接的写作经验。

初唐时期的文人写歌伎，一般只是旁观歌伎的生活；中唐时期的文人写歌伎，多是以歌伎为酒宴游戏的伴侣；晚唐时期的文人写歌伎，有不少是抒写自己与歌伎之间真实的感情故事。温庭筠就应该属于这最后一种，这也是他写了那么多的爱情诗词，而又能把爱情诗词把握得那么好的原因。

温庭筠在襄阳的日子里凝愁含恨、放浪形骸，而这个歌伎可能是他在此最大的收获。

第五节

飞烬落阶前——《烧歌》

起来望南山，山火烧山田。
微红夕如灭，短焰复相连。
差差向岩石，冉冉凌青壁。
低随回风尽，远照檐茅赤。
邻翁能楚言，倚锸欲潸然。
自言楚越俗，烧畲为早田。
豆苗虫促促，篱上花当屋。
废栈豕归栏，广场鸡啄粟。
新年春雨晴，处处赛神声。
持钱就人卜，敲瓦隔林鸣。
卜得山上卦，归来桑枣下。
吹火向白茅，腰镰映赪蔗。

风驱槲叶烟，槲树连平山。
迸星拂霞外，飞烬落阶前。
仰面呻复嚏，鸦娘咒丰岁。
谁知苍翠容，尽作官家税。

这首《烧歌》也是温庭筠在襄阳期间的作品。他在襄阳虽然有些自暴自弃，放纵自己，但并没有失去自己的本色，对国家和平民百姓的生活还是非常关心。所以，除了写了一些嘲谑调笑、艳情咏物的作品外，他也有像《烧歌》这样反映农耕生活的优秀诗篇。

“烧”在这里是放火烧野草的意思。这首诗犹如农家生活的素描，把襄阳城内老百姓的农俗及八卦、巫术等描写得异常生动。农民辛勤耕种土地，本来对丰收充满了渴望，但是“谁知苍翠容，尽作官家税”，收成再好也没有用，因为所有的收成几乎都交给国家了。国家税负太高，农民对丰收的渴望很快变成了绝望。温庭筠在诗中强烈地抨击了统治阶级的贪得无厌和不劳而获。

像《烧歌》这种类型的作品在温庭筠的诗词中也是很少有的，即便是忧国忧民的作品，他也多半是借古讽今或指桑骂槐，例如《苏武庙》、《开圣寺》、《经五丈原》等等，含蓄委婉地警示朝廷。而像这样直接把视线转移到国家社稷、人民疾苦的作品他几乎没有涉及，描写农耕的作品更是鲜有。尤其是这首诗的最后一句“谁知苍翠容，尽作官家税”，直接向朝廷发出质问，实在是很大胆。

这首诗语言质朴，极富生活气息，是温庭筠作品中少有的反映农民生活的作品。这首诗也再次证明了温庭筠是位关心人民疾苦和国家命运的作家，而不是只会儿女情长、靡靡之音的花间鼻祖。和此前写的一些诗词不同的是，他在这首诗的最后一句大胆直接地质问：“谁知苍翠容，尽作官家税。”他不再含蓄，不再是点到为止，而是明目张胆地揭露。或许这个时候的他真的已经有些放肆了，因为人到暮年又被贬，他已经到了人生的最低谷，对朝廷也已经不抱任何希望，所以也没什么好怕的了，他要为人民大声疾呼一次。这也是此时的温庭筠唯一能为自己的国家和人民做的事情。

第六节

愁杀平原年少——《清平乐·洛阳愁绝》

洛阳愁绝，杨柳花飘雪。终日行人恣攀折，桥下水流呜咽。

上马争劝离觞，南浦莺声断肠。愁杀平原年少，回首挥泪千行。

这是一首送别词。温庭筠曾写过三首送别诗：《送人东游》、《送李亿东归》、《送渤海王子归本国》。这三首送别诗和《清平乐·洛阳愁绝》不同的地方是，前者都有明确的送别对象，而这首并没有具体的送别对象，且写的不是一个人的送别，而是许多人的送别。

词的上阕写送别时的情景。首先写明了送别的时间和地点，“洛阳愁绝，杨柳花飘雪”，告诉我们送别的时间是春天，地点是洛阳。洛阳城内柳絮漫天飞舞，如同雪花一般，这时有人心中充满了愁绪，原来他即将远行，正在和自己的朋友们告别。“终日行人恣攀折，桥下水流呜咽。”桥上的人络绎不绝，整日都有人从这里离开，送别的人不断地折断杨柳枝送给即将远行的人们。桥上的哽咽声一直没有间断，桥下的流水也在不停地呜咽。在古代，送别的时候要折断杨柳枝送给即将远行的人，用来表示依依不舍之情。

词的下阕写的是告别后的心情。“上马争劝离觞，南浦莺声断肠。”纵然依依不舍，朋友还是要远行，马上就要上马了，再喝完这最后一杯酒吧。这时忽然又听到一声声莺啼，声音是那么婉转，可听起来却令人断肠。一声声好像在劝人留下，不要离去。“愁杀平原年少，回首挥泪千行。”这里的“平原年少”泛指远行的人。远行的人骑在马上，心中惆怅，不断地回头，又频频擦拭眼泪。

温庭筠的这首送别词也是别具一格，悲壮但不悲切，不像他其他的一些送别词那么凄楚，也没有儿女之态和脂粉之气，倒是多了一些风骨。这首词和《更漏子·背江楼》一样，主人公为男性，内容和爱情无关。像这样的词作在温庭筠的作品中大概只有这两首。这首词描述的显然不是男女情人之间的离别，而是男儿的壮别，故遣词造句充满豪情。

虽是“洛阳愁绝”，这首词却是温庭筠在襄阳期间写的作品。这首送别词作于这个时候，与其说是送别他人不如说是送别自己，因为这个时候温庭筠已经在襄阳待了四年，而他也接近六十岁了，饱尝了人生的酸甜苦辣，虽然有些消沉，但并没有绝望。他也不允许自己长期消沉下去，所以在这个时候写这首壮别诗，有勉励自己之意，也有离开襄阳之意。他知道襄阳不是他的长留之地，这里既不是长安也不是他的家乡，他早晚要离开这里。所以，在大中十四年(公元860年)，徐商被皇上调离襄阳之际，他也辞官离开。这一次，他的目的地是荆州。

温庭筠离开襄阳的时候，心情想必就和这首《清平乐·洛阳愁绝》一样，没有那么凄楚，但多少有些悲壮。被贬到隋县的经历，使他更加体会到现实的残酷和无奈，他对余生的岁月已经没有太多的期待，不再容易大悲大喜，或许正因为如此，他的送别词才不再那么悲凉和凄楚，而是多了一些风骨和悲壮。

第十章 一生失意，悲剧收场

温庭筠还在漂泊，接下来他到了荆州。荆州的日子还不错，但他心里却非常想念长安的家。于是，他再次离开荆州，辗转回长安。取道淮南时，他和几个老朋友整日饮酒作乐，博饮狎昵，甚至醉酒不归，结果被巡逻的官兵打落了牙齿。境遇如此悲惨的温庭筠又受此侮辱，便带着满腔的愤怒回到了长安。然而，回到长安的他却当上了国子监，一生追求的理想终于实现了！然而，一篇《榜国子监》又使他的命运跌倒了谷底。温庭筠一生失意，四处流转，最终还是以悲剧收场。

第一节

千里梦难寻——《寄渚宫遗民弘里生》

柳弱湖堤曲，篱疏水巷深。酒阑初促席，歌罢欲分襟。

波月欺华烛，汀云润故琴。镜清花并蒂，床冷簟连心。

荷叠平桥暗，萍稀败舫沉。城头五通鼓，窗外万家砧。

异县鱼投浪，当年鸟共林。八行香未灭，千里梦难寻。

未肯睽良愿，空期嗣好音。他时因咏作，犹得比南金。

渚宫，春秋时楚国宫名，位于今湖北省陵县，这里指的是当时的江陵。渚宫遗民指的是世代居住在荆州的居民。弘里生指的是温庭筠的朋友段成式。“寄渚宫遗民弘里生”即为写给世代居住在荆州的段成式。段成式是当时的丞相段文昌之子，家居荆州。温庭筠在荆州时经常和他在一起饮酒作乐、吟诗作对。

这首诗写的就是温庭筠和段成式在荆州一个幽深的小巷里饮酒作乐的场景。杨柳轻抚河堤，堤上传来动听的曲子，篱笆疏离，小巷深幽，巷子旁边是潺潺的流水。酒席已经开始很久了，店家即将打烊，催促着大家赶快散去，可歌伎们一曲唱罢仍然舍不得离去。这首诗很好地再现了温庭筠在荆州的生活状态。

温庭筠离开襄阳后来到荆州，恰逢荆南节度使白敏中离任，继任者为萧邺。大中六年（公元852年），也就是温庭筠屡试不第之时，他曾上书萧邺，请求萧邺能给他一个发展的机会。那时萧邺是翰林学士，但对温庭筠并未理睬。大中七年（公元853年），温庭筠再次上书萧邺，并写道："每过朱门爱庭树，一枝何日许相容。"然而，萧邺还是没给他机会。这次，温庭筠来到荆州，而萧邺刚刚继任荆南节度使，他终于给了温庭筠一个机会，让他在荆州幕府栖身。

而段成式恰巧也在荆州幕府做事，他和温庭筠本来就是朋友，现在又成了同事，两人自然十分高兴。在荆州的日子里，温庭筠和段成式之间有许多诗词来往，这首《寄渚宫遗民弘里生》就是其中一首，是温庭筠与段成式一起参加宴会后所做。

温庭筠从襄阳漂泊到荆州，心中仍然十分苦闷，幸亏有段成式陪伴，他才快乐了许多。而他在荆州的日子也正如诗中描写的那样，经常饮酒作乐，与歌伎舞女搅和在一起，有时甚至喝得酩酊大醉。他正是用这种醉生梦死的生活麻醉着自己痛苦的神经。

第二节

落英不可攀——《和沈参军招友生观芙蓉池》

桂栋坐清晓，瑶琴商凤丝。况闻楚泽香，适与秋风期。

遂从棹萍客，静啸烟草湄。倒影回澹荡，愁红媚涟漪。

湘茎久鲜涩，宿雨增离披。而我江海意，楚游动梦思。

北渚水云叶，南塘烟雾枝。岂亡台榭芳，独与鸥鸟知。

珠坠鱼迸浅，影多凫泛迟。落英不可攀，返照昏澄陂。

温庭筠一生最重视朋友，不管走到哪里，他总能交到朋友。而和朋友诗词唱和就成了他最快乐的事情。他曾和李羽、李德裕、鱼玄机、段成式等互相唱和过很多诗词。在荆州的日子里，也有这么一位朋友以诗词唱和陪他度过了许多寂寞的时光。这位朋友就是他在荆州幕府时的同僚沈参军。沈参军曾写过一首诗《招友生观芙蓉池》，温庭筠就写这首诗与他唱和。

这首诗写清晨时分，温庭筠和朋友沈参军坐在池边的华堂上，听瑶琴奏出动听的音乐，闻池中荷花飘来的淡淡香味。荷花池里一艘小船飘过，清晨湖面上升起薄薄的轻雾，与水草缭绕。湖水荡漾，人的倒影在晃动，配合着被雨打过的荷花叶，显得更加妩媚，水中时不时地荡起点点涟漪。荷花的茎枝新鲜却不光滑，而昨夜的雨水给它增加了一丝摇荡的姿态，让荷花池的景色异常美丽。但我在梦里却常常在江海湖泊中漂泊，心中浓浓的思念时时萌动。北渚的云叶、南塘的烟雾都是那么美丽，但他只能独自与鸥鸟相伴。荷花池景色诱人，他却没有什么心思欣赏，心中有一些杂念始终不能放下。

温庭筠和同僚沈参军观荷花池，却无心欣赏风景，心中在想别的事情。温庭筠的心中究竟有什么杂念呢？到了老年，人最思念的自然是自己的故乡和家人。温庭筠的家乡在吴中，但他离开吴中已经多年，现在那里既没有朋友也没有家人，而他的家人都在长安。因此，他思念长安，思念家人，也思念自己的朋友鱼玄机。

他在同时期的作品《渚宫晚春寄秦地友人》里也清晰地表达了思念长安故居的心情："风华已眇然，独立思江天。凫雁野塘水，牛羊春草烟。秦原晓重叠，灞浪夜潺湲。今日思归客，愁容在镜悬。"温庭筠在这首诗里感叹："昔日风采都已经不在了，我经常独自站在江边望着天空思念远方。想起故乡的池塘上飞来飞去的凫雁，青青的草地上一只只的牛羊。秦地的山川重重叠叠，灞水整夜潺潺流动。今天我在这里思念家乡，不知何时才能回去，看着镜子里自己的容颜，满面愁容，已经越来越憔悴了。

“凫雁野塘水，牛羊春草烟。秦原晓重叠，灞浪夜潺湲。”这都是长安鄠杜的景物，时不时地出现在温庭筠的回忆里。被贬隋县后，他流离失所，不能与家人团聚。他一生失意，四处流转，但感觉哪里都不是归宿。他又有了离开荆州的打算。

六十三岁时，温庭筠离开了荆州，但他并没有直接回长安，而是来到了淮南，因为他的几个老朋友裴诚、令狐滈等人正在此地。他在淮南呆了一阵子，但整日无所事事，于是老毛病又犯了，整日和这几个老朋友饮酒作乐、博饮狎昵。他的一些行迹又传到了当地官员的耳朵里，偏偏当时出镇淮南的是他当年在京城得罪过的丞相令狐绹。由于令狐绹当年的打压和排挤，温庭筠屡次落第，甚至被贬到隋县，因此温庭筠对他一直有怨恨，此时明明知道他在淮南任职，也不去拜见他。就在这时，温庭筠又碰到了一件更倒霉的事情。他因为穷困潦倒，竟然被迫在扬子院乞讨，又喝醉了酒夜不归宿。当时唐朝有宵禁令，即超过二更天若有人还在街上游荡，一律按盗贼处理。温庭筠这个“盗贼”就碰上了巡逻的兵丁，兵丁们对他毫不客气，一顿暴打之下，他牙齿也打掉了几颗。温庭筠受此奇耻大辱，愤愤难平，告于令狐绹处，但令狐绹根本没搭理他。

更糟糕的事情还在后面，温庭筠在淮南的一系列丑闻又传到了长安。六十三岁的温庭筠穷困潦倒，又落得个坏名声，他心有不甘，于是回到长安，致书公卿间，诉说原委，为自己伸冤。尽管最终伸冤的事情无果，但他终于还是回到了长安。

第三节

不敢独专华藻——《榜国子监》

> 右，前件进士所纳诗篇等，识略精微，堪裨教化。声词激切，曲备风谣。标题命篇，时所难著。灯烛之下，雄词卓然。诚宜榜示众人，不敢独专华藻。并仰榜出，以明无私。仍请申堂，并榜礼部。咸通七年十月六日，试官温庭筠榜。

这是温庭筠的一篇文章，而且是一篇公示的榜文，那为何要把这篇《榜国子监》单独成篇呢？因为这篇文章对温庭筠今后的命运非常重要，决定了他最终的结局。文章中写道："通过国子监秋试合格的乡贡进士所交的试卷，因为受题目的限制，不一定是考生真正想说的话，也未必是好作品。而从进士们的旧作中选取的作品，才有可能反映考生们真正的见识和水平，才有可能做到"识略精微，堪裨教化，声词激切，曲备风谣"。所以，现在把考生平时写的一些言词激烈的作品公布于众，以表明我的公正无私。——试官温庭筠。”

从文章里我们首先看到的是温庭筠当上了试官。温庭筠努力了多年一直想走上仕途，但始终不能如愿，谁知到六十五岁这一年终于如愿了！这还得感谢他的老朋友徐襄。徐襄这时当上了丞相，在他的推荐下，温庭筠终于圆了一生的梦想，在朝廷任职，当上了国子监助教。这个官职虽是个闲职，但级别也不算太低，是温庭筠一生中做过的最大的官，因此他特别珍惜这个得来不易的机会，对待公事非常认真，再加上他的性格本就公正不阿，故凡事都力求公正公平。这种态度也体现在这篇《榜国子监》里，“以明无私”。但偏偏就是这篇公正无私的《榜国子监》又为他招来了致命的大祸！

温庭筠在考场上屡次受挫，所以他不希望其他考生也遭受和他同样的命运。而将考生的作品公布于众，也是请百姓监督，避免不正之风，这在考生和百姓中间一时传为美谈。但温庭筠此次公布的作品大多涉及讽刺时政、抨击豪强、揭露腐败等内容，且言辞激烈，统治阶级的神经非常敏感，岂能包容这样的文章？被直捅痛处，他们当然不能容忍。因此，温庭筠的这种做法遭到了执政者的忌恨，他再次遭到当权者的打击报复。刚刚当上国子监的温庭筠还沉浸在终于看到理想曙光的美梦里，就再次被贬，这次被贬到了方城。

这次被贬让温庭筠措手不及，上次被贬隋县是因为他多次扰乱考场，他早有心理准备，而这次被贬却完全在他的意料之外。而且，上次他尚年轻，但现在他已经年逾六十，因此这次的打击比上次大得多。以前的屡次不第和被贬隋县多半是对他品行和作品的攻击，而这一次却是政治打击，而且是冤贬，这对已经六十六岁的温庭筠来说是致命的。

温庭筠自认没有做错什么，但是这个世界错与对的标准不是由他来制定的。无奈之下，温庭筠带着极其痛苦、愤懑、委屈的心情来到了方城。

第四节

莫抛心力作词人——《蔡中郎坟》

古坟零落野花春，闻说中郎有后身。

今日爱才非昔日，莫抛心力作词人。

蔡中郎指的是东汉末年的著名文人蔡邕，他曾官至左中郎将，因此称蔡中郎。蔡中郎死后葬在毗陵（今常州）尚宜乡互村，这首诗是温庭筠路过蔡邕坟墓时所作，表达了他对当局者不惜人才的不满和哀叹。温庭筠曾写过一首相似的作品《过陈琳墓》，相比较起来，知道《过陈琳墓》的人更多，而这首《蔡中郎坟》则不大为人注意。究竟哪一首更文采斐然、寄寓深刻呢？我们可以对比一下。

“古坟零落野花春”：蔡邕的坟墓到现在已经有六七百年了，随着历史的变迁、人世的变化以及风雨的洗礼，坟墓已经残破不堪，只有周围的野花还在星星点点地开放，点缀着荒凉的坟墓。野花的生机蓬勃更加凸显了坟墓的荒凉，沧桑之感油然而生，为整首诗打下了基调。

“闻说中郎有后身”，听说蔡邕是张衡的后身，那么蔡邕死后也一定有人做他的后身。这句说的是一个传说，张衡死的那一天刚好蔡邕的母亲怀孕，张衡和蔡邕长得又十分相像，因此好多人说蔡邕是张衡的后身。这其实说的是才子文人之间的一种继承关系。这一句巧妙地将怀古引向慨今，因此在全诗中起着过渡的作用。

“今日爱才非昔日，莫抛心力作词人。”最后两句是全诗要表达的主题。蔡邕也生在政治黑暗腐朽的时代，也曾经上书朝政遭到诬陷，最后被流放，亡命江湖，但他最后还是受到董卓的重用，虽然最终死在狱中，但毕竟做过一些大事。“而我们今天的一些文人连蔡邕当年的际遇都不如，只能老死家中。唉，现在的当局者还不如以前的人爱惜人才，我即使用尽心力写作，又有什么用呢？还是不要白白浪费自己的心力了。”

读完这首诗我们发现，其虽不及《过陈琳墓》那样文采斐然，但也是寄寓极深。这首诗写得极其坦率和直接，温庭筠不再藏着掖着，委婉含蓄也被抛到一边，他就是要直抒胸臆地喊出自己内心的绝望和痛苦，就是要尖锐地揭发当权者的愚昧和霸道。他为何敢如此尖锐？因为他连死都不怕了，还有什么可怕的呢？他再次被贬到方城，身心俱受到极大的创伤，想想一生的遭遇，他不明白为何自己会如此坎坷，他只是想为国家做些事情，但是屡屡遭到他人的算计。如今的当权者还没有几百年前的当权者爱惜人才，这不是一种愚昧和落后吗？这难道不令人悲哀吗？所以他费尽心力写诗词还有什么意义呢？这不仅是温庭筠对自己身世的慨叹，也是对和他同一个时代所有怀才不遇的人的慨叹。

这首诗是温庭筠生前创作的最后一首，可谓极具意义，内涵深广，耐人寻味，并令人唏嘘。但更令人唏嘘的是温庭筠一生的命运，被贬到方城后两个月，他就在郁郁中离开了这个世界。温庭筠的死是“窜死”，如果没有这次事件的打击，他绝不会这么快离开人世。温庭筠多舛的人生命运或许和他狂傲不羁的性格有关，但也绝对和他所处的时代有关。晚唐时期，国势衰落，朝廷四面楚歌，政治氛围极其紧张。统治阶级的政治神经在临近崩溃时异常紧张，所以他们对讽刺当世的一些诗词极其敏感，对付写这些诗文的文人的手段也十分残忍，温庭筠并不是遭到他们打击迫害的唯一一个。所以，他一生的命运不仅因他的性格所致，更是时代的悲哀。

第十一章 花间鼻祖，诗词留芳

温庭筠一生走遍了五湖四海，虽然颠沛流离，饱受挫折，却留下了大量不朽的诗词作品。他的咏史诗、咏物诗、羁旅诗、爱情诗、写景诗都给人留下了深刻的印象，并广为后人传颂。但最能体现温庭筠艺术成就的却是他的“花间词”，一篇篇动人的“花间”词作奠定了他在词坛的地位。他是词的开创者，是词风的引领者，是晚唐时期的全能作家，在中国词史乃至中国文学史上，他的地位永不磨灭。“花间鼻祖”的诗词在这个世界上终将永远留芳。

第一节

春风和雨吹池塘——《春愁曲》

红丝穿露珠帘冷，百尺哑哑下纤绠。
远翠愁山入卧屏，两重云母空烘影。
凉簪坠发春眠重，玉兔煴香柳如梦。
锦叠空床委堕红，飔飔扫尾双金凤。
蜂喧蝶驻俱悠扬，柳拂赤栏纤草长。
觉后梨花委平绿，春风和雨吹池塘。

温庭筠不仅有闺怨词，也有闺怨诗，这首《春愁曲》可谓闺怨诗的代表。虽然温庭筠“花间鼻祖”的称号是因他的词风得来，但一个人的诗风与词风之间必然有联系。他的五七言古体乐府辞藻华丽，色泽浓艳，风格与词风非常相近，何尝不可称作“花间诗”。这首闺中春愁写法细腻委婉，俨然饱含花间词境。

用红色的珠线串起像露珠一样的珠子，用这样的珠子做成的帘幕晶莹剔透，但却使房间里透露出一种冷清的感觉，大概是因为此时还有些春寒吧。把长长的珠帘放下来，犹如放下一道瀑布，景象异常美丽，珠帘发出“叮叮当当”的声音，非常动听。卧室里的屏风上绘着翠绿的山峰，叠嶂起伏，远远看上去像女子微微皱着的眉毛。熏炉中的云母燃烧发出的火光映照出朦胧的人影。天气微寒，连发簪也是凉凉的，在头发上随意地坠着。床角处，兔形小香炉里的熏香烟雾弥漫，就连窗外的柳树似乎也被这烟雾笼罩其中，给人一种如梦似幻的感觉。

皱巴巴的红色锦被，一端已坠在床下，床上却没有人在睡觉，因为女子正在房间内徘徊。一阵凉风吹过，吹动了她头上如凤尾的发簪吊坠，凤尾在凉风的吹拂下轻轻摆动。蜜蜂嗡嗡地叫着，蝴蝶停在鲜花上面，春天的所有景色看起来都是那么迷人。柳丝轻抚着红色的栏杆，纤长的小草也在微风中拂动。一觉醒来，青青的草地上满是梨花，和暖的春风细雨吹皱了一池的春水。

在这首诗里，我们看到女子房间的布置和装饰是非常豪华的。晶莹剔透的珠帘、绘着山水的屏风、烧着的炭火、香炉里的熏香、红色的锦被、凤尾的发簪等等，都说明女子的生活是十分奢华的。但是，作者在描写女子奢华的物质生活的同时，又向我们传递了另一种感觉：凄冷。珠帘是冷的，屏风上翠绿的山峰是冷的，女子的发簪是冷的，柳丝是迷蒙的，床是空空的，梨花凋谢，雨落池塘，凉风吹拂，春寒料峭，这所有的一切多么凄冷啊。

我们读完全诗，是否有这么一种感觉：女子的生活是无忧的，但她的内心并不快乐，她的内心是凄冷的。所以温暖的锦被里无人入睡，春天的艳丽景色在她的眼里才那么凄清，特别是最后两句——“觉后梨花委平绿，春风和雨吹池塘”，很正常的自然现象在她看起来却这么伤感。这就说明，豪华无忧的物质生活填补不了她内心的空虚和寂寞。奢华的物质生活只能让她拥有一时的梦幻，但“梨花委地，春风吹池”又让她回到现实。春天的美景给予她的不是美的享受，而是心灵上的刺激，只能让她更觉得伤感。

温庭筠是个非常细腻的人，他对这个世界的观察如此敏锐，以至生活中的普通物件在他的笔下都能变得有生气、有灵气。这些物件就像一个个会表达情绪的精灵，不需要女主人公出现，我们也能看到女子脸上的哀愁和内心的寂寞、孤独。她们不一定是寻常百姓家的女子，可能是宫中的嫔妃，也可能是达官贵人家的侍妾，或者是红楼的歌伎，但她们都在等待心中的男子。男子给了她们衣食无忧的生活，但却把她们抛到这深闺之中不予理会。“闺怨”一词或许就来自于此吧。

温庭筠不愧是“花间鼻祖”，总能精确地把握女子的心态。他也的确好用侧艳之词，在他的诗中，被子总是“锦被”，上面大多绣着鸳鸯，珠帘总是晶莹剔透的，壶总是金色的，发簪总是凤凰形状的，连香炉都是玉兔状的，景色不是异常明媚就是异常萧条。总之，在他的笔下，一切都是极致的。所以，他人评价温庭筠是晚唐五代香艳词风的开拓者、绮艳诗风的代表人物，一点也不为过。基于这两点，“花间鼻祖”这个称号温庭筠是实至名归。

这首《春愁曲》可谓是浓艳诗风中的典型之作。写女子的闺中春愁，但女子几乎从未出现，映入我们眼帘的都是房中的物件和摆设，或者自然景物，主人公只是若隐若现地出现在我们的想象中。文辞浓艳，感情却异常含蓄，如此高的花间诗词境界，恐怕只有温庭筠才能达到。

这首诗里的若干诗句，让我们想起他的其他诗句："远翠愁山入卧屏"与"小山重叠金明灭"（《菩萨蛮·小山重叠金明灭》），"玉兔熅香柳如梦"与"江上柳如烟"（《菩萨蛮·水精帘里颇黎枕》），"觉后梨花委平绿，春风和雨吹池塘"与"雨后却斜阳，杏花零落香"（《菩萨蛮·南园满地堆轻絮》）以及"花落子规啼，绿窗残梦迷"（《菩萨蛮·玉楼明月长相忆》）……这些诗句无论在遣词造句还是取象造境上均有相似之处，说明温庭筠创作这类文风和境界已是熟能生巧、信手拈来。所以，他能写出大量优秀的花间诗词一点都不足为奇。

第二节

十二楼中月自明——《瑶瑟怨》

冰簟银床梦不成，碧天如水夜云轻。

雁声远过潇湘去，十二楼中月自明。

这首诗描写的也是一幅离人幽怨的秋夜图。瑟是一种乐器，瑶瑟则是玉镶的华美的瑟。在温庭筠的笔下，极少有不华美的东西，浓艳诗词风就是因此而来的。那么《瑶瑟怨》描写的就是女子弹奏瑶瑟时神情哀怨的情景。但是读完全诗我们发现，女子没有出现，瑶瑟也没有出现，怨的情绪更没有直接表达出来，作者只是渲染了一种造成离怨情绪的情调和氛围。这又是温庭筠的一贯风格，虽然没有正面描写女主人公清夜独自弹瑟传达怨情，但幽怨之情却表现得非常充分。

银色的月光洒满了清凉的床席，一夜难以入梦。碧蓝的天空如水一般，夜晚天上的云像沙一样轻。一只大雁伴着凄厉的叫声很快飞远了，远远地飞过潇湘去。从房间向外看去，只有天空的明月空自放着光明。

这首诗传递给我们的信息很少。诗的题目是《瑶瑟怨》，可读完却觉得是一首写景诗。瑶瑟、怨及发出瑶瑟怨的人不曾出现，作者真的是含蓄到了极致。但是，如果我们再读两遍，却会发现主人公好像就在这幅画面的背后，她正在旁观这一切，并不由自主地吟出这首诗。作者正是要制造这样一种感觉：不写人，人犹在；不写怨，怨更深。

所以，整首诗里没有一个“怨”字，只有“梦不成”三个字。因为梦不成，所以起来弹奏瑶瑟，而如水碧天、如沙轻云、雁声远过、楼中月明可能是弹琴时看到和听到的，如果不是带着“怨”的情绪，这些景色和声音可能不会是作者描写出来的这样。所以，与其说温庭筠是个优秀的作家，不如说他是个出色的布景师或画家。他把几个场景恰当地结合在一起，就把女主人公凄凉独居、寂寞难眠的状态表现了出来，而女主人公深深的幽怨也显露无遗。

这首诗里，“梦不成”三字最值得玩味。其不仅仅是指主人公思念远方的人难以成眠，而是说因为无法入眠，所以不能在梦中见到思念的人，或者可能是睡着了，但却没梦到自己思念的人。女主人公与思念的人梦中相见的愿望落空了，能没有怨吗？这是从侧面写怨，更深刻地表达出女主人公刻骨的思念和因梦不成而产生的强烈失望。

作者把写诗当作摄影，近景之后是远景，室内之后是室外，接着展现在我们面前的是一幅清冷的碧空夜月图：秋天的深夜，澄净的天空，月光似水，偶尔有几缕飘浮的云絮在空中轻轻掠过，一幅清丽寂寥的画面。这是女主人公看到的景象，又像是衬托她愁思的背景，在这个背景下的女主人公显得更加清冷寂寞。

除了看到的还有听到的，“雁声远过潇湘去”，在这宁静的夜晚，突然听到大雁的叫声，叫声渐渐远去。作者描写大雁，一定是因为大雁符合女主人公的心境。女主人公一边弹奏瑶瑟，一边聆听雁声，可见夜的宁静以及女主人公的专注。这里的“潇湘”不是作者随便写的，也不一定是大雁真正要飞往的地方，而是女主人公心中所寄。潇湘有她思念的人，因为大雁飞往南方，所以她的思绪也被牵引到了潇湘，可见女子时时刻刻牵挂着思念的人。

“十二楼中月自明”。“十二楼”说明女主人公不是普通人物，应该是贵族家庭的女子，“月自明”的“自”字用得很有人情味。月亮不懂得人的悲欢离合，自顾自地照亮这个夜晚。“自”也可能是“空自”的意思，月亮再圆也是一场空，因为自己无法和思念的人团圆。

作者为我们描绘的是一幅哀伤的画面，而其背后却是女主人公的哀怨。能理解到这个层面，才算真正读懂了这首诗。

第三节

灭没高蹄日千里——《拂舞词》

黄河怒浪连天来，大响谹谹如殷雷。

龙伯驱风不敢上，百川喷雪高崔嵬。

二十三弦何太哀，请公勿渡立徘徊。

下有狂蛟锯为尾，裂帆截棹磨霜齿。

神椎凿石塞神潭，白马参覃赤尘起。

公乎跃马扬玉鞭，灭没高蹄日千里。

这首《拂舞词》又名《公无渡河》，描写一个人渡过滚滚黄河的情景。这首诗的前四句描写水势的浩大汹涌，中间四句写弹箜篌者哀声劝阻渡河者不要过河，后四句写渡河人在神力的辅助下渡过黄河。

滚滚黄河中，怒吼着的波涛仿佛从天上而来，“谹谹”的声音如雷贯耳。水势这么猛烈，连大海里的龙王都不敢与之抗衡，河水激起的浪花像一座座高耸的山峰。黄河竟如此险恶，所以有人弹着箜篌用哀痛的声音劝阻人们：“不要过河，不要过河！”在这波涛之下还有疯狂的蛟龙，它的尾巴如锯，锋利的牙齿能把船上的帆都撕裂，把桨都咬断。然而，还是有人拿起神椎凿石，塞满这藏有狂蛟的令人毛骨悚然的黑潭。那凿起的石块，犹如千军万马扬起了红色的尘土。你看他跳到马上高高地扬起了鞭子，以一日千里的速度向前冲刺，那疾速的马蹄瞬间就消失在波涛之中。

读完这首诗，你是否会觉得这不是温庭筠所写的？确实，这样的诗风和“花间鼻祖”这个称号不符。这首诗磅礴大气，气势汹涌，完全抛却了温庭筠一贯的柔美之风。这也说明温庭筠是有能力驾驭各种题材、各种风格的作品的，他的创作之路是很宽的。

黄河是如此险恶，可还是有人勇往直前；明知道过河有可能会死亡，但仍然奋不顾身。过河的气势如此雄壮，好像完全无视河水的凶险，这是怎样的一种视死如归的气魄，过河之人这种大无畏的精神实在令人赞叹！

联系到现实，作者想要表达什么呢？其实，险恶的黄河比喻的是残酷的现实，疯狂的蛟龙比喻的是藏在阴暗之处的小人，这些都有可能置人于死地。比如太子李永，比如李德裕，也比如作者自己，都曾遭到蛟龙的袭击，但是他们仍然要疯狂地向前。整首诗就是一支悲壮的歌。

一个人的力量是如此渺小，在残酷的现实面前是如此弱小，但是也不能因此选择后退，只有勇往直前，与残酷的现实做斗争，剿灭那些蛟龙，才能实现自身的价值。这是一种疯狂，这种疯狂令人战栗、令人激动和热血沸腾。在讲求中庸和明哲保身的中国，这样的疯狂未必会有人懂得欣赏，但是作者却在歌颂这种疯狂，甚至在歌颂死亡。波涛在前，命运已定，前进就是死亡，却依然赴汤蹈火，在所不辞，这是怎样的一种气魄和决心啊！这种疯狂的人格力量，会让那些所谓的“蛟龙”心惊胆战。这首《拂舞词》就是向黑暗势力的宣告书！温庭筠虽然遭受到了种种压迫和迫害，但是他不会轻易妥协，更不会吓得再也不敢迈步，而是仍要渡过这条艰难的人生之河。

读完这首诗，每个人的心灵似乎都受到了冲击，它带给人的力量是巨大的。那个只会写靡靡之音的、温柔缱绻的深情男子，此刻变成了一个大气无畏的悲壮男人。

李白也曾经写过一篇《公无渡河》，温庭筠的表现手法和李白相似，也是从远景开始描写，然后再拉倒近景描写渡河的时刻。温庭筠的这首诗可谓是他所有作品中最富有男儿气概的一首，但是也有人对他这首诗作出了批评，说其缺乏个性。“请公勿渡”削弱了语势，“神椎凿石塞神潭”一句把人的力量归结于神的相助，抹杀了整首诗的气势以及英雄主义的悲剧色彩。这样的批评也是很客观的，但纵然如此，也是瑕不掩瑜，不能否认这首诗是一首大气磅礴的佳作。

第四节

黄鹂隔故宫——《清明日》

清娥画扇中，春树郁金红。
出犯繁花露，归穿弱柳风。
马骄偏避幰，鸡骇乍开笼。
柘弹何人发，黄鹂隔故宫。

整首诗描绘出一幅清明时节图：又到了一年一度的清明时节，清晨时分，空气非常清新，一只色彩斑斓的飞蛾在飞舞，这个情景就像画扇中的画面一样漂亮。园子里，到处都是粉红色的桃花和红色的郁金花，它们竞相开放，红遍了田野，装点着美丽的春天。正是踏青的好时候，人们被这美丽的景色惹得纷纷走出门去。出发的时候，看到花瓣上满是晶莹欲滴的露水，清明时节雨纷纷，这是昨夜雨水留下的露珠。踏青回来时，阵阵微风穿过柳丝拂面而来，让人心情更加惬意。帷帐旁边，马儿骄傲地昂首嘶鸣，鸡笼刚打开，鸡群就争先恐后地窜了出来。看来它们也被这春天的景色吸引了，急着出来享受这美妙的春色。鲜花四处开放，鸟儿到处飞翔，却不知是谁对着鸟儿射了一弹，吓得黄鹂鸟赶紧飞入隔壁的庭院，在房顶上婉转鸣叫，仿佛在说："不要伤害我们，我们也是大自然的一分子，我们愿意和人类和平相处。"

清明节是中国的传统节日，作者为我们描绘了一幅清明春游图。这首诗从形式到内涵都较为简单，只是描写了早春的美丽风景和人们踏青的喜悦心情，但作者仍一如既往地使用了华丽辞藻。这是一首纯粹的写景诗。温庭筠的作品中，纯粹的写景诗不多，大部分都是以景写情，在景色中寄寓其他的内涵，多多少少都带着一些伤感的情绪。但这首写景诗不同，通篇都是一种喜悦的心情。

温庭筠一生写过的写景诗很多，因为他游历过太多地方，从边塞到长江上游的蜀地，到中游的荆州，再到下游的苏州等，他领略过各地的风光景物，所以写下了很多写景诗，例如《锦城曲》、《常林欢歌》、《吴苑行》、《钱塘曲》等等。这些写景诗都有很强的地域特色，但也有一些共同的特点，例如基本上都是描写春天，大多是情景交融，而且多以伤感为基调，很少有像这篇《清明日》只单纯描写景色的。所以这首读起来人们更觉得清新、轻松、惬意。

历史上描写清明节的作品有很多，而这首《清明日》虽然只有短短四十个字，却充满了诗情画意，画面丰富多彩，在历代描写清明节的作品中独树一帜。

第五节

回首是天涯——《送渤海王子归本国》

疆理虽重海，车书本一家。
盛勋归旧国，佳句在中华。
定界分秋涨，开帆到曙霞。
九门风月好，回首是天涯。

这是一首送别诗。

渤海国是一个受大唐册封的地方政权，文物制度模仿唐朝，其与唐朝关系十分密切，双方贸易往来也十分频繁。渤海国对中原文化非常感兴趣，其王子和贵族子弟纷纷到中原学习大唐文化，有的甚至参加唐朝的科举考试，留在朝廷做官。这首诗描写的就是渤海王子学成归国时，作者与之依依惜别的情景。

诗里写道："渤海国与大唐虽然隔着重重海洋，但从文化上来说是属于一家的。既然在文化上是一家，那就不要让地域影响了双方精神的联系和交流。王子您在大唐时学习十分勤奋，现在饱读诗书，才华横溢，学成归去，是一件多么值得祝贺的事情啊。您充满才气的文章和诗句都已经留在中国，以后都将被世人传诵，这件事更是值得高兴啊。您马上要越过两国之间的界碑了，顺着这东流江水扬帆前进，很快就会看到朝霞和曙光，那时您就快要到达了。回到您的国家以后，您会想起在长安的美好时光，一定会向长安的方向频频遥望，不过那时我们已是远隔天涯了。

送别诗也是温庭筠诗词中的一类，他的这类作品虽然不是很多，但都写得异常感人。这首诗的第一句中作者就表达了两国之间的深情厚谊，虽然两国相距千山万水，但其实是一家人。第二句是对渤海王子的赞誉，王子在中国学到了很多中国的文化，现如今已是博览群书、才华横溢，令人可喜可贺。最后两句透露出作者对分别的不舍，这依依惜别之情不仅是王子对中国的眷恋，也是作者对渤海王子的眷恋，所以整首诗充满一种强颜欢笑的离愁别绪。

温庭筠的送别诗不是很多，除了这首，还有《送人东游》和《送李亿东归》。《送人东游》是送别鱼玄机，那首送别诗并不伤感，而是充满了一种男儿的豪情；《送李亿东归》同样不伤感，淡淡地写景，语言朴素。这首《送渤海王子归本国》也一样，没有过多的离愁别绪。这也说明，温庭筠并不是一个刻意追求伤感情调的作家。送别本来是一件伤感的事情，但他没有刻意渲染伤感。而他的那些闺情诗词却首首充满伤感，这是因为其主人公本来就是充满感伤的女子，温庭筠只是如实描写而已。

这首诗像温庭筠其他的作品一样，一如既往的感情浓郁，但却摆脱了以往的浓艳词风，而换为清浅朴素的语言。不同的题材就需要有不同的语言风格与之相应，女子闺情就需要辞藻华丽，怀古题材就需要深沉内敛，这首送别诗就需要简单质朴，而不管是哪一种题材，温庭筠都把握得游刃有余。这再一次证明了温庭筠的能力，“花间鼻祖”既可以温柔缱绻，也可以大气深沉，更可以简单质朴。

第六节

晓云将入岳阳天——《咸阳值雨》

咸阳桥上雨如悬，万点空蒙隔钓船。

还似洞庭春水色，晓云将入岳阳天。

咸阳桥即西渭桥，也被称为便桥或便门桥，在古代这里经常被当作送别之处。但这不是一首送别诗，而是一首写景诗。

走在咸阳桥上，雨滴突然不期而至，让人躲避不及。微风吹过，丝丝细雨随风倾斜，远远望去，就像一幕悬在空中的水晶帷帘。点点雨丝弥漫了整个天空，那停泊着的钓鱼船也被这水晶帘隔开了，看上去更加朦胧。眼前的景色和春天时洞庭湖上烟波浩渺的景致多么相似，那天边的云仿佛也被这雨水打湿了一般，带着水汽飘入岳阳城的上空。

这幅雨中即景节奏非常明快、跳跃。第一句中作者的视线在桥上，第二句就转到空中和远方钓鱼的船只，第三句又联想到更远的洞庭湖的春水，第四句又回到咸阳桥，并将眼前的景色和岳阳的天空联系起来。这首诗虽然只有四句，可一句一个场景，场景转换得非常快，范围又广，像极了一部蒙太奇式的电影。最后一句感觉非常俏皮，天边的云被拟人化，带着水汽飘到岳阳城的上空，足见作者联想之丰富。这种联想可能是景色相似所致，也可能是因为岳阳那里有自己思念的人。

咸阳桥在长安北门外的渭水之上，是通往西北的交通要道，许多离开长安的人都从这里经过。所以古往今来，咸阳桥见证了多少人的悲欢离合和城市的兴衰变化，兴废存亡的历史在这里拉开或落下帷幕。但是作者却并未从这个角度去写咸阳桥，而是仅仅描写雨中咸阳桥的闲适，即便是在雨中也没有蹙眉，没有哀怨，只有心旷神怡的徜徉心情。

第一句就直接点题，直陈景物，一个“悬”字便将雨丝的细微和绵延形象生动地表达出来。接着由近景转入远景，作者的视线由桥头推向远处的水面。“钓船”本是实景，可一个“隔”就把钓船放在了烟雨之外，朦胧之中。这是从广阔的空间来描写茫茫雨色。“空蒙”两个字烘托出水汽蒸腾的氛围，就像画家的晕染技法，为后面两句制造出烟雨霏霏、四处都是水雾、类似江南水乡的气氛，然后很自然地引出后面两句，联想到洞庭湖的春水。天远地隔的洞庭湖春水是虚景，而今天的雨中咸阳桥是实景。对于洞庭湖来说，这样的景色是一种常见的色调，而对于咸阳桥来说却是难得一见的景致。这是两者的相似之处，作者敏锐地抓住这一点，把两者巧妙地联系在一起。最后一句的收尾显得更加自然，由此景想到他景，由此地想到昔日之地，借由咸阳桥上的晓云表达自己的思念之心，期望自己也似那云一般，飘到岳阳城。一场小雨被作者写得如此壮观。

写洞庭湖畔的水色是为了烘托咸阳桥的雨景，这是一种借助联想，将两种空间上无关的景物联系起来，以虚衬托实，但不能喧宾夺主。这种虚实结合和联想的表现手法，在温庭筠的诗词中较为少见。但不管用何种手法，温庭筠皆能为我们描绘一幅美丽的画卷，带给我们更美的享受。

第七节

点粉金鹂卵——《黄昙子歌》

参差绿蒲短，摇艳云满塘。
红潋荡融融，莺翁瀏鵝暖。
萋芊小成路，马上修蛾懒。
罗衫裹回风，点粉金鹂卵。

这也是一首写景诗。池塘周围到处都是绿色的蒲草，它们参差不齐，却装点着美丽的春天。池塘里的水满盈盈的，清澈见底，朝霞的倒影清晰可见，霞光染红了整个池塘。微风吹过，水面立即荡起红色的涟漪，与春天的阳光融合在一起，让人更加感觉到暖暖春意。在这涟漪之上，有一对鸳鸯正在嬉戏，它们也对这温暖的水面留恋不已。池塘边的柳树上，黄鹂不停地鸣叫穿梭。通往城里的小路上，芳草萋萋，一匹骏马缓缓走来，马背上是一位年轻的女子，她的神态和这匹骏马一样懒洋洋的。这时，一阵微风吹起她的衣衫，露出她那俊美的脸庞，那脸庞就像涂了脂粉的金鹂蛋。

这是一幅艳丽的春日图。绿蒲、朝霞、红色的涟漪、青草、鸳鸯、流莺、骏马、美人，这些图像组成的画面，怎能不艳丽呢？但为何景色这么美，女子却无精打采、懒洋洋的呢？作者并没有告诉我们原因，或许是因为美人愁比美人笑更动人，就像西施蹙眉一样。

读诗也需要一定的品味，尤其是读温庭筠的诗，千万不能只看到“艳云”、“红潋”、“鸳鸯”、“蛾眉”等字词，更不能因此就认为这是艳丽词风。而是要看到诗中关键的一些字，哪怕只是一个字，也有它特别的意义，就如这首诗中的“懒”字一样。从姣好的容颜和少女骑着的骏马可以得知她是富贵人家的女子，可出身富贵之家的少女面对这明媚的春天却打不起精神，可见她的内心并不快乐。一个“懒”字留给读者无限想象。

温庭筠喜欢这种对比的写法。华美中，凄凉相对；热闹中，冰冷相对；成双成对，则有孤单相对。所以，读温庭筠的诗，可能要从相反的方向来理解，这样才能抓住他想表达的意思。这首诗也一样，暖暖春意中，女子却面露愁态，这也是一种对比。

第八节

不是真圆亦摇荡——《莲浦谣》

鸣桡轧轧溪溶溶，废绿平烟吴苑东。

水清莲媚两相向，镜里见愁愁更红。

白马金鞭大堤上，西江日夕多风浪。

荷心有露似骊珠，不是真圆亦摇荡。

这是一首写景诗，看似简单，实则内涵深厚。我们先来看看它的字面意思：碧绿的溪水上，采莲女正划着一条小船，她每摇一下桨，船就发出“轧轧”的声音。水面开阔，在一片青葱和朦胧中，她看到了那个废弃的吴国宫殿。溪水清澈，映照出她的容颜，她娇媚的脸庞与水中的荷花一样艳丽多姿。可她却想起早晨照镜子时镜子里的自己，不禁为青春已逝感到惆怅。

但是，在这明媚的春色里，似乎不宜太惆怅。于是，她抬起头望向远方，想好好欣赏这春天的风景。无意间，她的目光又落到了大堤上，恍惚间，她好像看到有人正策马扬鞭而去，那潇洒的身影至今还在她的脑海里盘旋。夕阳西下时，江面上一定会有很大的风浪，他会不会也遇到风浪呢？她收回思绪，看到荷叶上的露珠正在滚动，这晶莹剔透的露珠就像珍珠，可它并不是真正的珍珠，为什么要在这里摇荡呢？

这首诗的场景和情节异常简单，就描写了一个少女在小溪上划船。然而这简单的情节和短短的八句诗却表达出丰富的内涵：感时、伤己、怀人、惜志等，所以这首诗需要我们反复阅读，仔细品味。

从“轧轧”作响的声音可以得知这是一艘破旧的小船，而不是豪华的画舫，也可以判断出划船的少女是普通人家的女子，不是温庭筠常写的闺情诗词中的富贵之家的女子。由于水面开阔，划船的人总是双眼望向前方，所以自然就看到了远方的景致。那是一片荒芜的草原，草原中废弃很久的吴国宫殿——吴苑依稀可见。吴苑是曾一度称霸的吴王夫差的宫殿。吴王夫差在征服了越王勾践后，就沉溺于勾践送来的美女西施的绝色之中，从此不问政事，日渐堕落。而越王勾践却卧薪尝胆，励精图治，最后一举灭了吴国。这是历史上著名的故事，作者在此提及，自然是暗讽晚唐时期皇室的腐朽和堕落。

当少女把望向远方的目光收回来，不经意间低头时，她看到了水中自己的脸庞，虽然依然姣好，但和以前比起来却是青春不再。

作者在这里想要表达的是，不管人多么努力，时光依然是留不住的，所以这不仅是少女的感叹，也是作者的痛苦呻吟。

接下来，女子的思维跳跃了，而这正是女子伤感的原因。有人曾经骑着白马扬鞭而去，去追求他的理想，但江湖险恶，他现在是否平安呢？这里又回到了现实，并和前面的“吴苑”联系起来，晚唐社会动荡不安，政坛小人当道，他会不会受到伤害呢？这骑马之人是女子的心上人，这里道出了她对心上人的担心。这里不是离题，而是再次暗示晚唐社会的腐朽。可见这位少女虽然普通却不平凡，她不同于那些沉浸于儿女之情的女子，而是支持心上人去追求自己的理想，但同时又有些担心和思念。

最后两句更为精辟。少女看到荷叶上的露珠在滚动，不禁在心里问道：“你又不是真正的珍珠，为什么要滚动呢？”这句话特别耐人寻味，因为里面有同情、鄙弃还有自嘲。“圆”是姻缘的“缘”的谐音，用在这里是双关。对少女来说，她是在问：“你我到底是不是真的有缘分呢？”而对作者来说这可能是一种自嘲：“你以为自己是真的有才华吗？不要再自命不凡了！”如果真的这样来表达，那就过于直接和浅薄了。作者用露珠和珍珠做对比，既贴切又含蓄，更兼有双关之意，实为妙笔。

这首诗给我们最不同的感觉是，作者塑造了一个依然美丽却并不哀怨、依然重情却并不忧思过重、聪明并且淡定的女子，不但如此，她还能理解和支持自己的心上人去追求理想。她固然也担心自己的缘分，但并没有过于伤感，而是对国家也寄予了同样的关心。

这是一位具有高尚情操的姑娘。如果说温庭筠给予那些哀怨女子的是一种同情的话，那么对这位女子他一定是十分欣赏的。或许这位女子是他认识的人，也许是鱼玄机，也许是他其他的女性朋友。但在那样的社会，这样的女子是少有的，更多的是温庭筠笔下那些充满哀怨的闺中女子。

而往更深层次理解，这个女子就是温庭筠自己，或者女子担忧的那个心上人就是温庭筠自己。温庭筠在追求理想的道理上，受到了多少小人的陷害，经历了多少磨难，为什么还要在这条道路上不停地追逐呢？这多让人担忧啊。温庭筠一生自命不凡，可在这里他却自嘲“不是真圆亦摇荡”，自己不过如此，并没有多大本事，就不要沾沾自喜了吧。

看来，温庭筠表面上写的是少女，其实写的是他自己。这也告诉我们，一个作家的作品是离不开作者个人的人生经历和审美情趣的。要想完全理解一个作家的作品，必须了解这个作家本人。这也验证了那句老话，一个作家写来写去，其实写的都是他自己。

第九节

断肠谁得知——《玉蝴蝶·秋风凄切伤离》

秋风凄切伤离，行客未归时。塞外草先衰，江南雁到迟。

芙蓉凋嫩脸，杨柳堕新眉。摇落使人悲，断肠谁得知？

这是一首伤离别的词。作者从一开始就把我们带进了一种萧瑟秋天的氛围，其中的每一句都让人心碎神伤：“我们分别的时候正是寒风瑟瑟的秋天，想起那天的情景，我就感到凄凉悲切。一年又一年，时光荏苒，转眼又到了秋天，可是远行的人还没有回来。边塞的草木现在早已枯黄了吧，南归的大雁为什么迟迟还不飞来？它不知道我已经很久没有你的消息了吗？我的容颜以前像荷花一样水嫩美丽，可现在早已憔悴不堪，像柳叶一样的黛眉也枯萎，斜斜地坠在脸上。不光我的容颜憔悴，连大自然的一草一木也都凋谢了。唉，秋天容易让人心情悲凉。但是，我肝肠寸断的心情又有谁能够了解呢？”

这首词的上阕为我们描述了女主人公与思念之人往日离别的情景。在秋风瑟瑟时离别，又在秋风萧瑟时望归，在“伤离”和“望归”期间经过了多少个秋天，又经过了多少不眠之夜！第一句看似平淡，实则情感浓烈。然后由“未归时”展开女主人公的内心活动。塞外的草应该都已经枯萎了吧，作者为什么会想到边塞的草？因为那是思念之人所在的地方。然后女主人公的思绪由塞外又回到自己所在的地方，可是南归的大雁迟迟还没有回来。迟归的雁不是随便入诗的，它代表的是远方之人的书信。天涯海角之间，书信是两人唯一的联络方式，但已经好久没有收到他的书信了。浓浓的思念之情洋溢在作者的笔端。

而下阕则细致地描写了女主人公在离别后的生活状态和心情：容颜憔悴，愁眉不展。最后两句综合写情，渲染女主人公伤心的情绪。尾句“断肠谁得知”的“知”字用得非常好，诉尽女主人公心中的无限哀怨。温庭筠的诗词中常见这个“知”字，如“此情谁得知”、“梦长君不知”，可见此字最能表达出他想要表达的情绪。

整首诗字字哀伤，语语悲痛，是离别诗里令人伤痛的一首。男人在塞外边疆打仗，女人在家等待望归，这在晚唐时期不是个别现象。一年又一年不能团聚，两地相思，心神难安，这就是晚唐时期的社会现状。温庭筠用这首词表达对边塞将士和他们家人的深切同情。

第十节

空阶滴到明——《更漏子·玉炉香》

玉炉香，红蜡泪，偏照画堂秋思。眉翠薄，鬓云残，夜长衾枕寒。

梧桐树，三更雨，不道离情正苦。一叶叶，一声声，空阶滴到明。

这首仍然是温庭筠最擅长的闺情离愁词。寂静的深夜，温馨的房间内，精美的玉炉里烟雾袅袅，还散发着淡淡的香味，红色的蜡烛已经快要燃尽，烛泪一颗一颗凝固在蜡烛的周围。烛光映照着墙壁上的画堂，这蜡烛怎么懂得人的感情，它的光亮偏偏照出了画堂中人的秋思。房间内，女子眉毛的颜色已经很淡了，鬓发也凌乱不堪，她翻来覆去很久，可是这漫漫长夜，她一直无法入睡，房间内虽然很温馨，但枕头和被子却是那么地冷。已经是三更时分了，窗外的雨滴滴答答仍然没有要停止的意思。雨中的梧桐树一定很凄美，可是它却不知道屋里的人正在为离别感到愁苦。雨滴落在梧桐叶上，在这安静的夜里，一声声显得那么清晰。这雨滴还滴落在无人的石阶上，一直滴到天明。

词的上阕写的是室内的景象，玉炉、红蜡、画堂，室内非常温馨，可女子却容颜不整，衣衫零乱，辗转难眠。室内虽然温暖，但被子里的她却非常寒冷。强烈的对比说明了女子内心的孤独和寂寞。下阕的景象则从室内移到了室外，虽然都是作者通过听觉想象出来的一些情景，但更能表现出女子的愁苦。室内的温馨和室外的凄冷再次形成对比，突出女子凄冷的内心。从表达方式来说，上阕辞藻浓艳一些，下阕辞藻浅淡一些。

相比其他诗词，温庭筠的这首词表达情感的方式更为直接和强烈。只有开头三个字“玉炉香”是单纯的景语，从第二句“红蜡泪”开始就有了人的感情，“红蜡泪”代表的是女主人公思念的眼泪。接下来，“偏照画堂秋”的这个“偏”字值得琢磨。红蜡是没有感觉的东西，却非要映照画堂中人的秋思。而且秋思是一种看不见、摸不着、深藏于人心中的情愫，红蜡岂能照得出来？这里作者强调一个“偏”字，可见他想要表达的是女主人公心中执拗的情思。所以这里第一句是景语，第二句是景中含情，第三句情感强烈，作者表现的女主人公的情感在一步步加深，女主人公的愁肠百结也就呼之而出了。而接下来由景转入直接描写人，通过对人外貌的描写表现女主人公因情思而整夜未眠，强调她内心难言的苦闷。

而前面描写的所有景物，都是因为夜不能寐看到的。

而下阕则是描写女主人公夜不能寐所听到的，也更加直接地描写了女主人公的心情和感受。秋夜三更，冷雨点点滴落在梧桐树上，这离情之苦没有人可以理解，梧桐夜雨一直滴到天明，伴随着女主人公一夜无眠。这种境界，后来李清照也曾经描写过："梧桐更兼细雨，到黄昏、点点滴滴。这次第，怎一个愁字了得！"真是道尽了雨中相思的凄凉。

这首词上阕的意境在温庭筠的词作中非常常见，而下阕的意境则较为少见。但下阕纵然写得较为直接，也没有直接说明一夜无眠，相比较起来依然含蓄。含蓄是温庭筠丢不掉的特色，因为含蓄才会显得意境更幽美、情思更悠长。

第十一节

梦长君不知——《更漏子·柳丝长》

柳丝长，春雨细，花外漏声迢递。惊塞雁，起城乌，画屏金鹧鸪。

香雾薄，透帘幕，惆怅谢家池阁。红烛背，绣帘垂，梦长君不知。

这首词描写的是一个女子在一个春天的夜里独自相思并发出的愁苦哀怨："在一个安静的夜里，长长的柳丝正被绵绵的春雨滋润着，花丛外似乎传来了计时的漏声。塞雁突然扑簌簌地向南方飞去，这景象令人惊心。城墙上面的鸟儿到处乱飞，它们正在寻找自己栖息的地方。画屏上绣着一对金鹧鸪，看到这些更加令人伤感。薄薄的香雾弥漫了整个房间，它们在不知不觉间已透入帘幕，使房间看起来更加朦胧。窗外是美丽的亭台楼阁和池塘，但这动人的景色只有我一个人欣赏，所以更觉得心中惆怅。红色的蜡烛已经燃烧了很久，蜡烛的背后是低垂的绣帘，夜已经很深了，但我还是无法安然入睡，不停地做梦，梦中全是我对你的相思，远方的人儿你可知道我的相思是多么地长。”

词的上阕描写的是室外的景色，是女主人公对外界景物的观察和感受。孤独的人是敏感的，所以女主人公观察得才那么细致。柳丝细，春雨绵，花木丛外有滴漏声。这里不一定是滴漏声，因为滴漏的声音不大可能从花木丛中传过来，很可能是雨水滴落花木的声音，而被女主人公误以为是从远方传来的声音。可见在这个万籁俱静的夜晚，外界的一点点动静都能触动女子的心思，因为她想念远方的人，所以把近处的声音也想象成远方的声音。也可以想象，女主人公的心中很不平静，对远方之人的思念时刻萦绕在心头，连温柔的雨滴之声都被她放大成刺耳的滴漏声。

“惊塞雁”这句开始进一步渲染女主人公这种孤独寂寞、不安和思念的心理感觉。心里不平静，所以轻柔的雨声对她来说也是一种打扰，那么其他更杂乱的声音呢？征塞的大雁和宿城的乌鸦突然飞了起来，这更让她吓了一跳。就连画屏上停止不动的鹧鸪也让她感到不安，不但不安，甚至更加刺激她的心情。因为鹧鸪成双成对，而她自己却孤单寂寞。女主人公实在是太感性了，任何一草一木一物都能引起她的伤感。

下阕开始由室外转入室内，描写女主人公的居处环境。房间里，炉香即将燃尽，香雾透过层层帷帐，快要消散了。看来夜已经深了，否则炉香不会即将燃尽，而在这深夜，女主人公却还没有入睡。看着这美丽的亭台楼阁，女主人公更加难以入眠，因为这里记载了她与离人曾经的欢乐时光。而现在，想起昨日的欢笑，更觉得今日孤独。物是人非，欲语泪先流。怎样才能使自己不那么痛苦呢？也许只有进入梦乡吧。在梦里可以忘记一切，在梦里才有可能再见到他。所以吹熄红烛，放下帷帐，排除外界的干扰，睡着吧。然而，“梦长君不知”，女主人公长长的相思梦远方之人又能知道多少呢？

这首词依然写得非常含蓄，女主人公的心理状态更多是用暗示的手法描写出来的，越是含蓄深沉越是显出思念的浓厚。

在这首词里，温庭筠仍然用景色组合和场景转换的方式来表达人的情感。就好像镜头的不断切换一样，根本不需要主人公说话，就可以把主人公的心态描写得恰到好处和淋漓尽致。更不需要作者的议论，就可以把自己想要表达的东西完全传递给读者。这就是温庭筠写词的高超之处。他已经不仅仅是一个作家，更像是一个画家或者是今天的电影剪辑师，他似乎在一千多年前就懂得了今天电影美学里的蒙太奇。他思维跳跃，逻辑却非常清楚，把一个个看似无关的画面分切组合在一起，就会使画面看起来赏心悦目，意蕴也更加深刻。这种创造手法如果出现在今天的电影里，一点也不足为奇，可是它却出现在一千多年前的诗词里，这就不能不让人惊叹了。有人说温庭筠的作品是形式主义的，把一些好看的东西胡乱摆在一起，这样说的人一定没有看到他组合画面背后的思想逻辑和情感植入。

一首诗或词就像一局棋，温庭筠是不会随便摆棋子的，他作品中的每个字都是为作品的整体意境和内涵服务的，绝对不是词语的随意搭砌。只有了解了这一点，才能对温庭筠的作品作出正确的评价。

第十二节

小娘红粉对寒浪——《荷叶杯·镜水夜来秋月》

镜水夜来秋月，如雪。采莲时，小娘红粉对寒浪。惆怅，正思惟。

这首词描写的是采莲女面对荷塘月色伫立凝思、独自惆怅的情景。

宁静的夜晚，水面如镜子一样清澈，皎洁明媚的月光洒在水面上，反射出淡淡的光芒，这情景，就如下雪一般。打扮得十分美丽的采莲女正在采莲，她红润的脸庞对着碧绿清冷的水面却有些惆怅，一时间，她忘记了自己要采莲，呆呆地站在那里，不知在想些什么。

这首词短小精炼，一开头就告诉我们描写的时间："镜水夜来秋月，如雪"，这是一个秋天的月色明媚的晚上，同时渲染出一种良辰美景的浪漫气氛。接着又告诉我们人物、人物的活动及活动的地点："采莲时"表明要描写的人物是采莲女，人物的活动即是采莲，活动的地点是在荷塘。这个活动地点很重要，是全词的背景。在南方，采莲往往是一种男女表达爱意的活动，而采莲的季节自然也就成了一个浪漫的季节。交代出这些，就为下文女主人公的神态和内心活动做了铺垫，她的一切行为也就有了合理的解释。

“小娘红粉对寒浪”，“小娘”是指女主人公采莲女，“红粉”是说采莲女正当妙龄，面容姣好，打扮得也十分美丽，简单的“红粉”两个字就勾勒出采莲女清新淡雅的不俗感觉。而“寒浪”则是对“红粉”的衬托，“红粉”代表着青春、热烈、希望，而“寒浪”则代表孤单、寂寞、寒冷，两者形成明显的对比。“寒浪”既是描写周围的环境和气氛，也是用来揭示女主人公此刻的内心世界。

接着，女主人公的内心活动呼之欲出。“惆怅，正思惟”，在这浪漫的季节，明媚的月光下，正值妙龄的少女却在独自惆怅，她在惆怅什么呢？很显然，与采莲有关，也就是说与爱情有关，女主人公正在为感情的事情烦恼。接着，进一步渲染女主人公惆怅的神态。“正思惟”，她呆呆地看着碧绿的荷塘，想着她的心事。

本是花好月圆的季节，采莲女却无人陪伴，于是她感到惆怅，自己的恋人在何方呢？她心中一定是思绪万千，只有独自对着荷塘伤感，越想心里越烦忧。

这首词只有二十三个字，虽然短小精炼，却表达出很美的意境及采莲女丰富的内心活动。读完这首词，一个伫立在荷塘边沉静凝思的采莲女形象犹如出现在我们面前。这首词更展示出温庭筠创造意象、制造意境及驾驭语言的高超能力。

第十三节

终日两相思——《南歌子·倭堕低梳髻》

倭堕低梳髻，连娟细扫眉。终日两相思。为君憔悴尽，百花时。

这首短制小令是一首闺情词，词虽短，刻画的情感却依然丰富、细腻、深刻。

女子的头发乌黑发亮，梳成一个堕马髻，偏在头的一侧，就如一朵斜挂在树上的乌黑的云朵。这发髻似坠非坠，摇摇荡荡的，尤其是走起路来的时候，更显得女子窈窕婀娜。她淡淡地扫了扫眉毛，她的眉毛又淡又细，弯弯地伸向额际，就像被轻雾半掩的黛绿色远山，远山下是一对清亮似水的脉脉双眼，若隐若现。女子天天思念自己的心上人，从早晨到黄昏，如醉如痴，日复一日。她为心上人日益憔悴，憔悴之时，正是百花齐放的时候。

这首词从女子的相貌、妆容来刻画女子相思的心理活动。头两句先描写女子的相貌和妆容。“倭堕髻”又叫“堕马髻”，是把发髻挽在头的一侧，梳成似坠非坠的样子。在汉朝，洛阳一带的妇女都梳这样的发式。这样的发式弧线与眉毛形成一条曲线，使女子的脸庞线条看起来非常柔和，具有美感。不过用在这里有表示女子懒洋洋、无心梳妆之意，只是随便挽个发髻，随意搭在头的一侧，甚至快要松散下来。下一句就更加说明了这种感觉，“连娟细扫描”，眉连娟，形容女子眉毛弯曲细长，而“细扫眉”则是说女子并没有用心打扮，只是随便扫了一下眉毛。作者这两句刻画是非常成功的，只是用了发髻和眉毛就刻画出女子娇丽动人的样貌，并暗示出女子心中烦忧，无心装扮之意。短短几个字就传递出这么多信息，足见作者功力之深。

最后几句开始集中描写女子的感情和内心活动。“终日两相思”，这里不见得是“两相思”，两相思只是女子的幻想，很有可能只是单相思。如果真的是两相思，女子就不会如此感伤了。而“终日”两个字则说明了相思的程度，每天都在想，从早想到晚，一天又一天，已经想得痴傻了。五个字就把女子每天的举止与心理刻画得非常充分。这里也得出了女子无心装扮的原因，心上人不在身旁，无人欣赏，也就懒得装扮了。作者的每一处描写都不是随意为之。

最后两句将女子的相思哀愁推到了高潮。“为君憔悴尽，百花时”，女子为心上人憔悴不堪的时候，正是百花齐放之时。为何这里要用“百花时”？是为了加重女子身心俱疲的感觉，用的是反衬法。春天百花齐放，春光灿烂，女子却日渐憔悴，这该是多么重的相思啊。春天是万物复苏、春意盎然的季节，到处洋溢着生命的活力，女子正处于大好的青春年华，本来也应该如这春天一样充满活力，但却因为相思而日渐消沉，可见爱情对女子的折磨是多么重。

“憔悴尽”与“百花时”这种相映衬的对比写法是温庭筠常用的，表达的效果非常好。春天的热闹与女子的清冷，一热一冷，一明媚一黯淡，强烈的反差将女子对爱情至死不渝的内心世界呈现在读者面前。而读者也被作者成功地带入女子的情感世界，与她共感伤，共憔悴，作者成功地俘获了读者的心。

通过对温庭筠作品的鉴赏，我们对他的人、他的诗有一定的了解。他虽一生坎坷，但其作品却留芳百世。他的诗词可谓字字珠玑，每处措辞皆有深意，反复读之，更觉震撼人心，余音久远。他不愧为“花间鼻祖”、写情的大师。